Jochen Sunken · Klaus Schubert

Ökonomische Theorien der Politik

Eine Einführung

2. Auflage

Jochen Sunken
Hamburg, Deutschland

Klaus Schubert
Westfälische-Wilhelms-Universität
Münster
Münster, Deutschland

Elemente der Politik
ISBN 978-3-658-19609-7   ISBN 978-3-658-19610-3   (eBook)
https://doi.org/10.1007/978-3-658-19610-3

Die Deutsche Nationalbibliothek verzeichnet diese Publikation in der Deutschen Nationalbibliografie; detaillierte bibliografische Daten sind im Internet über http://dnb.d-nb.de abrufbar.

Springer VS
© Springer Fachmedien Wiesbaden GmbH 2010, 2018
Das Werk einschließlich aller seiner Teile ist urheberrechtlich geschützt. Jede Verwertung, die nicht ausdrücklich vom Urheberrechtsgesetz zugelassen ist, bedarf der vorherigen Zustimmung des Verlags. Das gilt insbesondere für Vervielfältigungen, Bearbeitungen, Übersetzungen, Mikroverfilmungen und die Einspeicherung und Verarbeitung in elektronischen Systemen.
Die Wiedergabe von Gebrauchsnamen, Handelsnamen, Warenbezeichnungen usw. in diesem Werk berechtigt auch ohne besondere Kennzeichnung nicht zu der Annahme, dass solche Namen im Sinne der Warenzeichen- und Markenschutz-Gesetzgebung als frei zu betrachten wären und daher von jedermann benutzt werden dürften.
Der Verlag, die Autoren und die Herausgeber gehen davon aus, dass die Angaben und Informationen in diesem Werk zum Zeitpunkt der Veröffentlichung vollständig und korrekt sind. Weder der Verlag noch die Autoren oder die Herausgeber übernehmen, ausdrücklich oder implizit, Gewähr für den Inhalt des Werkes, etwaige Fehler oder Äußerungen. Der Verlag bleibt im Hinblick auf geografische Zuordnungen und Gebietsbezeichnungen in veröffentlichten Karten und Institutionsadressen neutral.

Lektorat: Jan Treibel

Gedruckt auf säurefreiem und chlorfrei gebleichtem Papier

Springer VS ist Teil von Springer Nature
Die eingetragene Gesellschaft ist Springer Fachmedien Wiesbaden GmbH
Die Anschrift der Gesellschaft ist: Abraham-Lincoln-Str. 46, 65189 Wiesbaden, Germany

Elemente der Politik

Reihe herausgegeben von
Hans-Georg Ehrhart
Institut für Friedensforschung und
Sicherheitspolitik
Universität Hamburg
Hamburg
Deutschland

Bernhard Frevel
Fachhochschule für öffentliche
Verwaltung NRW
Münster
Deutschland

Klaus Schubert
Institut für Politikwissenschaft
Westfälische Wilhelms-Universität
Münster
Deutschland

Suzanne S. Schüttemeyer
Martin-Luther-Universität
Halle-Wittenberg
Halle
Deutschland

Die ELEMENTE DER POLITIK sind eine politikwissenschaftliche Lehrbuchreihe. Ausgewiesene Experten und Expertinnen informieren über wichtige Themen und Grundbegriffe der Politikwissenschaft und stellen sie auf knappem Raum fundiert und verständlich dar. Die einzelnen Titel der ELEMENTE dienen somit Studierenden und Lehrenden der Politikwissenschaft und benachbarter Fächer als Einführung und erste Orientierung zum Gebrauch in Seminaren und Vorlesungen, bieten aber auch politisch Interessierten einen soliden Überblick zum Thema.

Weitere Bände in der Reihe
http://www.springer.com/series/12234

Vorwort

Ökonomische Theorien der Politik sind ein wichtiges Instrument im ‚analytischen Werkzeugkasten' der Politikwissenschaft. Ihre Besonderheit ist, dass sie das theoretische und methodische Instrumentarium der Wirtschaftswissenschaften zur Erklärung politischer Phänomene fruchtbar machen. Wenn auch nicht unumstritten, so kann kaum bezweifelt werden, dass sie unser Verständnis der Funktionsweise und inneren Logik politischer Institutionen und Prozesse deutlich erweitert haben.

Wer prinzipiell an Ökonomischen Theorien der Politik interessiert ist, allerdings keine wirtschaftswissenschaftliche Vorbildung hat, sieht sich zunächst mit technisch-mathematisch anmutenden Debatten und einem sehr speziellen Vokabular konfrontiert. Dies versperrt dem ungeübten Einsteiger nicht selten den Blick auf das Wesentliche.

Dieses Lehrbuch soll dazu beitragen, diese Eintrittsschwelle zu senken. Es wurde insbesondere für Sozial- und Politikwissenschaftler geschrieben, wendet sich aber an alle interessierten Einsteigerinnen. Wir hoffen, dass wir in diesem Buch die Balance halten und einerseits die entscheidenden Aspekte der jeweiligen Theorien einfach und verständlich vermitteln können. Andererseits hoffen wir, nicht über Gebühr zu simplifizieren und die jeweiligen Argumente genügend differenziert zu vermitteln.

In den sieben Jahren nach Erscheinen der ersten Auflage haben wir viel wohlwollendes und auch lobendes Feedback von Kolleginnen und Kollegen sowie von Studierenden bekommen, insbesondere hinsichtlich des niedrigschwelligen Einstiegs in das Thema. Wir danken auch den Rezensentinnen und Rezensenten für ihre positiven, aber auch kritisch-konstruktiven Hinweise, die wir sehr wertvoll fanden.

Gleichzeitig wurden wir aber natürlich auch auf kleinere Fehler, Unklarheiten oder Ergänzungsmöglichkeiten hingewiesen. All diesem haben wir uns in der vorliegenden neuen Auflage angenommen – neben der natürlich originären Aufgabe, neue bzw. aktualisierte Literatur einzuarbeiten. Denn wenn auch werkzentrierte Einführungen wie diese tendenziell eher langsam altern, so entwickelt sich doch klarerweise die um sie kreisende Fachdebatte weiter. Die Autoren blieben aber entgegen eines vielleicht ersten Eindrucks die gleichen: Aus Jochen Dehling wurde durch Hochzeit Jochen Sunken.

Über jegliches Feedback zum Lehrbuch, positiv, negativ, korrektiv, supportiv oder appellativ freuen wir uns weiterhin sehr.

Hamburg Jochen Sunken
Münster Klaus Schubert
Sommer 2017

Inhaltsverzeichnis

1 Einleitung, oder: Über Missverständnisse
  zwischen Köchen und Konditorinnen   1

2 **Grundlagen ökonomischer Theorien**   17
  2.1 Erkenntnisprinzip: Der methodologische
       Individualismus   24
  2.2 Verhaltensmodell: Der homo
       oeconomicus   30
       2.2.1 Präferenzen und Restriktionen   32
       2.2.2 Präferenzordnungen   38
       2.2.3 Dünne oder dicke Rationalität?   39
  2.3 Erklärungsmodell: Wie ‚erklärt' der
       ökonomische Ansatz?   47

3 Anthony Downs: Ökonomische Theorie der Demokratie 55
- 3.1 Rationale Wähler: Die Bildung des Parteiendifferenzials 60
- 3.2 Rationale Parteien: Der demokratische Wettbewerb 68
- 3.3 Das Paradox des Wählens 75

4 Kenneth J. Arrow: Individuelle und kollektive Präferenzen 89
- 4.1 Das Unmöglichkeitstheorem 93
- 4.2 Abschwächung der normativen Anforderungen 102
- 4.3 Wie relevant ist das Arrow-Theorem? 113

5 James M. Buchanan/Gordon Tullock: Die Wahl der Entscheidungsregel 117
- 5.1 Externe Kosten, Konsensfindungs- und Interdependenzkosten: Was ist eine optimale Mehrheit? 122
- 5.2 Die Mehrheitsregel 130
- 5.3 Implikationen 134

6 Mancur L. Olson: Die Logik des kollektiven Handelns 139
- 6.1 Die Organisationsfähigkeit von Gruppeninteressen 145
- 6.2 Selektive Anreize 154
- 6.3 Starke und schwache Interessen 157

7 Überblick über weitere Ökonomische Theorien der Politik — 163
7.1 Ökonomische Koalitionstheorien — 164
7.2 Abwanderung und Widerspruch — 167
7.3 Ökonomische Föderalismustheorie — 171
7.4 Prinzipal-Agent-Theorie — 174
7.5 Ökonomische Bürokratietheorie — 177
7.6 Rent-seeking — 180

8 Kritik — 185
8.1 Verhaltensökonomische Anomalien — 190
8.2 Methodologische Pathologien? — 194
8.3 Normative Kritik — 208

9 Kommentierte Literaturhinweise — 213

Glossar — 215

Literatur — 223

1

Einleitung, oder: Über Missverständnisse zwischen Köchen und Konditorinnen

Auf einer Party lernen sich ein Koch und eine Konditorin kennen und beginnen einen kleinen Flirt. Er möchte sie beeindrucken und fängt an, von seiner Arbeit in einem bürgerlichen Restaurant zu erzählen. Besonders für seine saftigen und unvergleichlichen Steaks werde er von Kollegen wie Kunden bewundert. Detailliert beschreibt er, wie und woran man besonders gutes Fleisch erkenne und worauf man bei Kauf und Zubereitung achten müsse. Als seine Gesprächspartnerin plötzlich anfängt, mit wachsender Begeisterung zu beschreiben, wie sie eine *Schokoladensoße* für ein Steak zubereiten würde, ist er völlig überrascht und meint, seine Gesprächspartnerin sei von seinen Leistungen nicht sehr beeindruckt. Der Koch – ein wenig in seiner Berufsehre getroffen und langsam daran zweifelnd, ob es eine gute Idee war, ausgerechnet mit einer überambitionierten (!) Konditorin zu flirten – entgegnet daraufhin, dass er gelernter Koch sei und es um die Zubereitung eines Steaks gehe – Schokoladensoßen seien hier sicher absolut fehl am Platz. Sie als Konditorin solle lieber bei ihren Torten und Pralinés bleiben, denn dort gehörten Schokoglasuren eindeutig hin. Er würde ihr schließlich auch keine Empfehlungen für die Herstellung ihrer Süßspeisen geben. Die Konditorin entgegnet, nun ebenfalls genervt, was er denn wolle, sie habe doch nur mal laut nachgedacht, schließlich arbeiteten sie beide mit Nahrungs- und Genussmitteln. Nur weil sie Konditorin sei und er Koch, hieße das ja noch lange nicht, dass es keine Gemeinsamkeiten gäbe und ihre Art der Kreativität nicht auch in seinem Gewerbe nützlich sein könnte. Noch bevor der Koch etwas entgegnen kann, macht sie auf dem Absatz kehrt und lässt ihn stehen, während er, etwas konsterniert dreinschauend, sich fragt, an welcher Stelle das Gespräch anfing, schiefzulaufen.

Was nun hat diese kleine Geschichte über den missglückten Flirt mit Ökonomischen Theorien der Politik zu tun? Sie soll hier etwas augenzwinkernd für das Verhältnis von Politik- und Wirtschaftswissenschaften stehen und anhand einiger Parallelen einleitend verdeutlichen, worum es beim Thema Ökonomische Theorien der Politik geht. Denn: Die beschriebene Situation könnte man sich ebenso gut auch mit einem Politikwissenschaftler und einer Volkswirtin vorstellen. Doch anstelle des Einsatzes von Schokolade bei der Zubereitung einer Steaksoße für den Koch würde eine Volkswirtin gegenüber einem Politikwissenschaftler wahrscheinlich von ökonomischen Theorien erzählen. Nicht, wie in der obigen Szene abwertend, sondern konstruktiv gewendet, würden beide überlegen,

1 Einleitung, oder: Über Missverständnisse ...

ob es nicht spannend sein könnte, ökonomische Theorien für Fragen der Politikwissenschaften zu nutzen. Und in der Tat handelt es sich bei Ökonomischen Theorien der Politik um nichts anderes als um die *Anwendung des methodischen Instrumentariums der modernen Wirtschaftswissenschaften auf politische Fragestellungen*. Ebenso wie die kreative Konditorin einen berufsbedingten Blick auf die vielfältigen Zutaten für ein Steak hat, würde auch eine Volkswirtin aus ihrem professionellen Blickwinkel heraus, eben dem der ökonomischen Theorien, das Geschehen in der Politik betrachten.

Das Missverständnis, auf dessen Suche am Ende der Geschichte der Koch war, liegt demnach nicht darin, dass beide über unterschiedliche Dinge gesprochen haben. Im Gegenteil: Beiden ging es um Steaks, Zubereitung und Zutaten. Nur haben beide sehr unterschiedliche Herangehensweisen, der Koch aus seiner Ausbildung, die Konditorin aus ihrer Erfahrung heraus, immer auf der Suche nach etwas Kreativem oder Neuem. Ebenso verhält es sich mit den Ökonomischen Theorien der Politik: Untersuchungsgegenstand sind politikwissenschaftliche Fragen, das Instrumentarium, das dazu genutzt wird, sind ökonomische Theorien.

Gary S. Becker, Nobelpreisträger für Wirtschaftswissenschaften des Jahres 1992 und einer der wichtigsten (und auch radikalsten) Vertreter der Anwendung der Ökonomik auf außermarktliche Bereiche der Gesellschaft, schrieb in seinem programmatischen Werk „Der ökonomische Ansatz zur Erklärung menschlichen Verhaltens": „[W]as die Ökonomie als Disziplin von anderen Disziplinen in den Sozialwissenschaften hauptsächlich unterscheidet, ist nicht ihr

Gegenstand, sondern ihr Ansatz" (1993, S. 3). Diese – nicht unumstrittene – Neudefinition der Wirtschaftswissenschaften ist erstaunlich, wird hier doch ihr Gegenstandsbereich nicht mehr dadurch abgegrenzt, dass sie sich mit Fragen der Wirtschaft beschäftigen, sondern durch ihre Herangehensweise, ihr spezielles *methodisches Instrumentarium*.

Geht man von der Unterscheidung zwischen der Ökonomik als *Methode* einerseits und der Ökonomie als *Gegenstand* andererseits aus, lassen sich vier mögliche Felder ausdifferenzieren (vgl. Kirchgässner 2008, S. 2) (Abb. 1.1).

So gibt es, neben der naheliegenden ökonomischen Analyse des Wirtschaftsgeschehens, wie sie klassischerweise von den Wirtschaftswissenschaften betrieben wird (Feld 1), auch alternative Herangehensweisen an

Methode \ Gegenstand	*Marktliche Beziehungen (Ökonomie)*	*Nicht-marktliche Beziehungen*
Ökonomik	Traditionelle Wirtschaftswissenschaft 1	ökonomische Theorien der Politik/der Familie etc. 2
Nichtökonomische Methoden	ökonomische Psychologie, Wirtschaftssoziologie, Handelsrecht, etc. 3	(traditionelle) Soziologie, Politikwissenschaft, Rechtswissenschaft etc. 4

Abb. 1.1 Ökonomik und Ökonomie in Markt- und Nicht-Marktbereichen. (Quelle: Eigene Darstellung)

wirtschaftliche Phänomene aus anderen akademischen Fächern, wie z. B. die Wirtschaftssoziologie oder aber das Handelsrecht, welches von der Rechtswissenschaft ausgeübt wird (Feld 3). Wendet man die ökonomische Methode allerdings auf nicht-marktliche Bereiche an, so erhält man z. B. eine ökonomische Theorie der Familie (siehe bspw. Becker 1981), eine ökonomische Theorie des Rechts (siehe bspw. Assmann et al. 1993), eine ökonomische Theorie der Kunst (siehe bspw. Frey 2003) und eben auch eine ökonomische Theorie der Politik, wie sie hier in diesem Buch vorgestellt wird (Feld 2). Um es zu wiederholen: Bei Ökonomischen Theorien der Politik werden die spezifischen Annahmen der modernen, in der Regel neoklassisch geprägten Wirtschaftswissenschaften auf den Gegenstandsbereich der Politik übertragen.

Für Ökonomische Theorien der Politik werden verschiedene Bezeichnungen verwendet, die nicht selten eng miteinander verknüpft sind, sich in großen Teilen überlappen oder gar synonym verwendet werden. Häufig findet man den Begriff der *Neuen Politischen Ökonomie*. Dieser legt – wird er nicht gleichbedeutend mit Ökonomischen Theorien der Politik verwendet – einen besonderen Schwerpunkt auf den Bereich, in dem sich Wirtschaft und Politik überschneiden. So verstanden bezeichnet dieser Begriff nur einen Teil der Ökonomischen Theorien der Politik, nämlich den, der die wirtschaftswissenschaftliche Methodik auf die Dependenzen und Interdependenzen von wirtschaftlicher und politischer Sphäre anwendet.

Die Bezeichnung ‚*rational choice*-Ansatz' (Theorien der rationalen Wahl) ist etwas allgemeiner und bezieht sich auf eine Theorienfamilie, die politische, wirtschaftliche und gesellschaftliche Realitäten aus rationalen Handlungen von Individuen unter Kosten-Nutzen-Überlegungen erklärt (vgl. Holzinger 2004, S. 783). Dieser Begriff unterstellt, dass rationales Verhalten als *Wahl*handlung zwischen verschiedenen Alternativen aufgefasst wird, nicht nur, aber eben auch in der Politik. Die Anwendung der *rational-choice*-Theorie auf ein politisches Phänomen ist demnach also gleichbedeutend mit einer Ökonomischen Theorie der Politik. Kurz und prägnant ist der Begriff ‚*public choice*': So werden Ökonomische Theorien der Politik in der englischen Sprache genannt.

Ist nun geklärt, worum es sich bei Ökonomischen Theorien der Politik handelt, schließt sich allerdings sofort die entscheidende Frage an: Warum überhaupt sollten wir uns mit ihnen beschäftigen? In dem eingangs beschriebenen misslungenen Flirtversuch konnte zunächst ein gewisses Verständnis für den Koch aufkommen. Der hatte sich überrascht gefragt, wie ausgerechnet eine Konditorin, einzig, weil sie auch mit Nahrungsmitteln arbeitet, auf die Idee kommt, ihr handwerkliches Wissen in seinem Metier anzuwenden. Eines ist doch klar: Die Konditorin bewegt sich außerhalb ihres traditionell abgegrenzten Berufsbereichs. Klassischerweise lernt man in einer Konditorei nicht, wie man ein gutes Steak zubereitet. Doch war die schroff ablehnende Reaktion des Kochs deshalb gerechtfertigt? Sind die Ideen der Konditorin wirklich nur deshalb schlecht, weil sie fachfremd sind? Ist es nicht eher so, dass eine gewisse Verletzung der üblichen Grenzziehungen und damit einhergehend des eigenen Selbstverständnisses den Koch pauschal jedweden Vorschlag der Konditorin ablehnen lässt? Kann es dagegen nicht auch sein, dass ihre Vorschläge nicht *trotz,* sondern *weil* sie eben nicht aus dem traditionellen Fach stammen, recht überlegenswert sind? In der gehobenen Küche sind es gerade die kulinarischen Überraschungen, die neuen unkonventionellen frischen Ideen, die sie von der üblichen Standardgastronomie abheben. So ist es in der *haute cuisine* durchaus üblich, dass süße Elemente wie Schokolade oder Marzipan eingesetzt werden, um einer speziellen Steakzubereitung einen besonderen Pfiff zu verleihen. Der Koch hätte also, anstatt sich sofort ablehnend zu verhalten, offener sein und genauer zuhören sollen, um vielleicht zu neuen Ideen zu gelangen, Routinen zu überdenken und sein eigenes Können noch weiter zu verbessern. Dabei mögen Grenzüberschreitung und das Operieren mit Wissen aus anderen Disziplinen zwar unkonventionell, aber möglicherweise sehr hilfreich sein.[1]

Bei Ökonomischen Theorien der Politik verhält es sich ganz ähnlich: Mit Rücksicht auf das eigene Selbstverständnis scheint vielen in der Politikwissenschaft immer ein nicht zu unterschreitender Mindestabstand zu anderen

---

[1] In der eingangs beschriebenen Absicht, möglicherweise ‚grenzüberschreitende' Situationen herbeizuführen, ist ‚Zuhören können' sowieso immer eine richtige Strategie! Hier aber auch ein von den Autoren empfohlenes Rezept für eine delikate Schokosauce für ein Steak (Rezept von Wolfgang Stein): Man nehme 60 g Bitterschokolade mit hohem Kakaogehalt (70 %) und lasse sie langsam unter Hinzugabe von 400 ml Rotwein, 200 ml Kalbsglace, 3 EL dunklem Balsamico, 1 EL Ingwerpulver, 1 EL gemischten Kräutern, 2 EL Honig und 1 EL Sojaße um die Hälfte reduzieren. Guten Appetit!

sozialwissenschaftlichen Disziplinen im Allgemeinen und den Wirtschaftswissenschaften im Speziellen geboten. Man verwahrt sich gegen einen ‚ökonomischen Imperialismus' (Pies und Leschke 1998; siehe auch Eriksson 2011, S. 1) mit seiner vorgeblich zynischen Reduktion von Menschen auf rational-nutzenmaximierende ‚Wirtschaftssubjekte' und seinen ebenso arroganten wie überheblichen, allumfassenden Erklärungsanspruch. Auch die in den Wirtschaftswissenschaften viel geläufigere Mathematisierung und Modellierung der sozialen Realität erzeugt oftmals große Skepsis.

Diese Sichtweise ist nicht nur vorurteilsgeladen, sie übersieht auch die vielen wichtigen Impulse, Hinweise und Erkenntnisse, die die Politikwissenschaft von Ökonomischen Theorien der Politik erhalten hat. Dies gilt auch dann, wenn im kollektiven Gedächtnis nicht mehr präsent ist, dass diese dort ihren Ursprung haben. Dies gilt bspw. für die Theorie der Wahlentscheidung, der Organisationsfähigkeit von Interessen oder der Verfassungslehre (um nur einen kleinen Ausschnitt zu nennen). In all diesen Bereichen liefern Ökonomische Theorien einen enormen Erkenntnisgewinn und -fortschritt. Und noch wichtiger: Sie *und nur sie* konnten diesen Erkenntnisfortschritt liefern. Dieses Buch beruht auf der Überzeugung, dass Ökonomische Theorien der Politik der Politikwissenschaft etwas zu sagen haben, da sie helfen, politische Sachverhalte besser zu verstehen. Ihre Forschungserkenntnisse sind auch nicht lediglich ökonomische Erkenntnisse, die für die Politikwissenschaft fruchtbar gemacht werden können, *sie sind Politikwissenschaft*. Zwar handelt es sich um einen inter- bzw. transdisziplinären Ansatz, aber die

Inter-/Transdisziplinarität der Ökonomischen Theorien der Politik ergibt sich nicht aus dem Gegenstandsbereich (der ist genuin politikwissenschaftlich), sondern aus der Nutzung des methodischen Werkzeugkastens der Ökonomie.

Klar ist auch, dass ebenso wenig, wie von nun an ausschließlich Konditoren[2] für die Zubereitung von Steaksoßen zuständig sein sollten, auch nicht einzig gelernte Ökonominnen politikwissenschaftliche Forschung betreiben bzw. Politikwissenschaftlerinnen nur noch Ökonomische Theorien der Politik für ihre Forschung verwenden sollten. Vielmehr folgt hieraus, dass beide Disziplinen auf ihre je spezifische Weise der jeweils anderen etwas zu sagen haben – Disziplinen, die aus guten Gründen voneinander abgegrenzt werden und eben auch institutionell getrennt sind. Diese Trennung darf aber nicht dazu führen, nicht in Dialog miteinander zu treten. Das vorliegende Buch ist daher weder eine unkritische Lobpreisung des nun als ‚Königsweg' der Politikwissenschaft erkannten ökonomischen Zugangs, noch wird den ökonomischen Theorien jede Aussagekraft im politischen Bereich abgesprochen. Einem modernen Methodenpluralismus folgend sollen vielmehr einerseits der Nutzen und analytische Mehrwert des ökonomischen Ansatzes herausgestellt werden. Anderseits sollen aber auch die Grenzen und ‚blinden Flecken', die die Zuhilfenahme und Berücksichtigung weiterer Theorien und Ansätze notwendig machen, Beachtung finden. Wir halten es mit Guy Kirsch (vgl. 2004, S. 2), der

---

[2]In diesem Buch werden weibliche und männliche Formen zu gleichen Teilen und zufällig verteilt verwendet.

es so auf den Punkt gebracht hat: Würde eine ökonomische Theorie der Politik von sich behaupten, sie sei nicht eine, sondern *die* Theorie der Politik, so wäre dies dummanmaßend. Würden aber ihre Kritiker behaupten, sie sei nicht eine, sondern *keine* Theorie der Politik, so wäre dies dumm-herablassend (Hervorhebungen im Original).

Dieses kleine Lehrbuch richtet sich an alle Einsteigerinnen, Interessierte und Studierende, die sich das erste Mal mit Ökonomischen Theorien der Politik beschäftigen. Dies hat bezüglich der Gestaltung dieses Buches zwei entscheidende Auswirkungen. Erstens wird ganz bewusst auf ausufernde formale Herleitungen und technisch-mathematische Feinheiten einzelner Theorien verzichtet,[3] wie sie häufig in wirtschaftswissenschaftlichen Einführungen in das Thema zu finden sind. So wichtig diese bei der Entwicklung und weiteren Beschäftigung mit den ökonomischen Theorien sind, und wenn auch sicherlich kein Grund besteht, sich von kompliziert aussehenden Gleichungen und ihren Umformungen abschrecken zu lassen, so verstellen sie doch dem Einsteiger nicht selten den Blick auf das Wesentliche der Argumentationen.

Zweitens wird ein systematischer Zugang zum Thema insofern gewählt, als nur anhand einiger weniger, aber eben fundamentaler Werke die Herangehensweise und Forschungslogik verständlich gemacht werden. Im Gegensatz zu manch anderen Fächern, in denen Erkenntnisfortschritte insbesondere durch die kumulative Zusammenarbeit Vieler

---

[3]Baumol (1972, S. 153) sprach einmal ironisierend von den „Pockennarben der Formeln und Symbolen" auf den Seiten wissenschaftlicher Fachzeitschriften.

1 Einleitung, oder: Über Missverständnisse …

erzielt werden, wurden die Ökonomischen Theorien der Politik wesentlich durch Einzelleistungen geprägt. Diese waren Vorlagen, an denen sich anschließend andere Forscherinnen im Einzelnen abgearbeitet bzw. diese weiterentwickelt haben. Die enorme Prägekraft dieser Werke ist auch heute überall sichtbar, sodass aktuelle Forschungsdiskussionen und -fortschritte letztlich nur unter Rückbezug auf diese Grundlagenwerke verständlich werden.[4] Wer also einerseits einen ersten Zugang zu diesem Forschungsansatz bekommen und andererseits die heutigen Entwicklungen verstehen möchte, kommt nicht daran vorbei, sich zuvorderst mit einigen Grundlagenwerken zu beschäftigen.

In diesem Buch werden vier solche Klassiker herausgegriffen, die man sicherlich zu den Gründungsarbeiten des *public-choice*-Ansatzes zählen kann und die dessen ‚kick-off-Phase' markieren: Die ‚Ökonomische Theorie der Demokratie' von Anthony Downs (1968), ‚Social Choice and Individual Values' von Kenneth Arrow (1951), ‚The Calculus of Consent' von James Buchanan und Gordon Tullock (1962) sowie ‚Die Logik des kollektiven Handelns' von Mancur Olson (1968).[5] Selbstverständlich lässt sich mit guten Gründen darüber streiten, ob nun dem einen oder anderen weiteren Werk hier Unrecht getan wird, weil es nicht mit aufgenommen wurde. Tatsächlich

---

[4]Ähnlich argumentieren Hindmoor und Taylor (2015, S. 9) in ihrem Lehrbuch mit Verweis auf die Gravitationskraft der Klassiker, welche „have set the terms of subsequent debates by identifying key research puzzles and arguments".
[5]Grofman (2004, S. 31) bezeichnet als „Public Choice Pentateuch" (Pentateuch: die fünf Bücher Mose) die vier genannten Werke sowie zusätzlich noch ‚The Theory of Committees and Elections' von Duncan Black (1998). Blacks Werk wird in diesem Lehrbuch kurz in Kap. 4 angesprochen.

wohnt unserem Vorgehen eine gewisse Willkürlichkeit in der Auswahl inne. Wir sind allerdings auch aufgrund unserer Lehrerfahrungen und einigen unterstützenden Kommentaren von Kolleginnen der Meinung, dass der Einstieg in dieses Teilgebiet der Politikwissenschaft anhand von vier zentralen Klassikern und einer begrenzten Anzahl von weiteren Anwendungsbereichen der Ökonomischen Theorie der Politik gut begründet ist.

Im Folgenden soll kurz der Aufbau und die Struktur des Buchs erläutert werden. In Kap. 2 wird zunächst grundständig in die wichtigsten Grundlagen, zentralen Annahmen und die spezielle Logik ökonomischer Theorien eingeführt. Damit soll insbesondere die methodische Basis geschaffen werden, die in Einführungen meistens sehr kurz und oftmals zu kurz, d. h. zu viele Grundannahmen voraussetzend, behandelt wird. Ziel ist es vor allem, den gemeinsamen Nenner der ökonomischen Theorien herauszuarbeiten, der aufgrund der Vielzahl der Anwendungsbereiche leicht zu übersehen ist. Elementare Konzepte wie die Unterscheidung zwischen Präferenzen und Restriktionen werden beschrieben, erkenntnistheoretische Grundlagen geschaffen, wie z. B. der methodologische Individualismus, und die Methode des statisch-komparativen Ansatzes skizziert. Dieses Kapitel bezieht sich nicht ausschließlich auf ökonomische Theorien *der Politik,* sondern auf die grundsätzliche Logik *ökonomischer Theorien.* Diese Logik ist in allen Gegenstandsbereichen, in denen ökonomische Theorien eingesetzt werden, die gleiche und gilt somit auch für den der Politik.

Mit diesen Grundlagen ausgestattet wird dann in Kap. 3 die Darstellung der vier Einzeltheorien mit Downs

‚Ökonomischer Theorie der Demokratie' eröffnet. Er konstruiert in seiner Theorie ein Modell des politischen Wettbewerbs, welches auf Wählern als rationalen Nutzenmaximiererinnen und Parteien als Stimmenmaximierern beruht. Auf diese Weise schafft er einen völlig neuen, frischen Blickwinkel auf die Frage nach der Wahlentscheidung von Wählern und der Logik der Parteienkonkurrenz. In Downs Werk findet sich ein von ihm thematisiertes Paradox, das auch diskutiert wird: Rationale Wählerinnen entscheiden sich streng genommen nicht nur in der Wahlkabine ‚rational', vielmehr gelten auch bezüglich der Frage, ob sie überhaupt wählen gehen, rationale Maßstäbe. Da der Wahlgang aber in den meisten Fällen nicht rational ist, wir aber trotzdem in entwickelten Demokratien eine (relativ) hohe Wahlbeteiligung feststellen, spricht man vom ‚Paradox des Wählens'.

Kap. 4 wendet sich dann der Frage zu, wie und ob wir kollektive Entscheidungen fällen können, die nicht nur logisch konsistent sind, sondern auch gleichzeitig demokratische Grundprinzipien einhalten. Arrow hat in seinem Buch ‚Social Choice and Individual Values' den bislang nicht widerlegten Nachweis geführt, dass beides nicht gleichzeitig für alle Fälle möglich ist. Es besteht demnach also immer die Gefahr, dass kollektiv getroffene Entscheidungen logisch inkonsistent sind oder nur verzerrt dem Willen der Entscheider entsprechen. Die Argumentation dieses Theorems, Konsequenzen und mögliche Auswege hieraus werden in diesem Kapitel besprochen.

In Kap. 5 wird anschließend der optimalen Entscheidungsregel auf den Grund gegangen. Buchanan und Tullock argumentieren in ihrem Werk ‚The Calculus of

Consent', dass die klassische Mehrheitsregel als Orientierungsmaßstab für demokratische Entscheidungen nicht ausreichend gut begründet ist. Rationale Individuen würden bei einer Verfassungsabstimmung über die Ausgestaltung kollektiver Entscheidungen vielmehr zunächst vom Einstimmigkeitsprinzip ausgehen, da sie auf diese Weise jede für sie nachteilige Entscheidung verhindern können. Abweichungen hiervon können aber durch Verhandlungs- und Konsensfindungskosten gerechtfertigt werden, die naturgemäß beim Einstimmigkeitsgebot hoch sind. In Kap. 5 diskutieren wir Grundlagen wie Implikationen dieser Argumentation.

In Olsons ,Logik des kollektiven Handelns' wird in Kap. 6 eingeführt. Dem Autor gelingt der Nachweis, dass rationale Individuen sich nicht ohne weiteres in Organisationen, Vereinen oder Gruppen engagieren, da sie vom Kollektivgut, welches diese bereitstellen, auch ohne Engagement profitieren können. Dieses ,Trittbrettfahrerproblem' lässt sich über sog. ,selektive Anreize' lösen, also zusätzliche Leistungen, die nur Organisationsmitgliedern zugute kommen. Olson diskutiert sowohl Voraussetzungen wie auch Folgen dieses ,kollektiven Handelns' und stellt Tendenzen für die Organisationsfähigkeit von Gruppen auf.

Eingangs wurde erwähnt, dass in diesem Buch der Fokus auf die vier wichtigsten Grundlagenwerke der Ökonomischen Theorien der Politik gerichtet ist. Um die Selektivität dieses Vorgehens etwas zu relativieren, werden in Kap. 7 weitere Ökonomische Theorien der Politik kurz und bündig dargestellt. Hier soll beispielhaft die große Vielfalt an Anwendungsbereichen und Untersuchungsgegenständen aufgezeigt werden.

Abschließend beschäftigt sich Kap. 8 mit der teilweise hitzigen Methodendiskussion, welche um Ökonomische Theorien der Politik kreist. Die ökonomische Logik auf politische Phänomene anzuwenden, hat nicht nur Zustimmung gefunden, sondern trifft teilweise auch auf große Ablehnung. Ihre Kritikerinnen werfen ihr kaum auflösbare methodologische Defekte vor, die zur Folge haben, dass z. B. die empirische Bestätigung ihrer Analyseergebnisse nicht akzeptiert wird. Die zersplitterte und uneinheitliche Diskussion wurde von Green und Shapiro (1999) zusammengeführt und argumentativ untermauert, weshalb deren Werk in diesem Kapitel im Vordergrund steht.

Ökonomische Theorien haben im Laufe der Zeit ein sehr spezielles Vokabular entwickelt, welches dem Einsteiger nicht immer sofort verständlich ist. Aus diesem Grund haben wir einige fundamentale ökonomische Grundbegriffe in einem Glossar zum Nachschlagen am Ende des Buches komprimiert zusammengefasst.

Für denjenigen, der sich intensiver mit Ökonomischen Theorien der Politik beschäftigen möchte, kann die Lektüre dieses Buches nur ein erster Schritt sein. Letztlich kann man sogar behaupten, dass es erst richtig interessant wird, wenn man die Darstellungsebene prägender Werke verlässt und sich auf die ‚Anwendungsebene' aktueller Phänomene begibt. So wichtig es für das Verständnis ökonomischer Theorien auch sein mag, die ‚großen Klassiker' zu kennen und zu verstehen, so darf man an dieser Stelle nicht stehen bleiben. Vielmehr soll sich die interessierte Leserin dazu ermutigt fühlen, sich in die aktuelle Fachdiskussion einzuarbeiten, die das hier geschilderte methodische Instrumentarium *anwendet,* um zu neuen Erkenntnissen über politische Sachverhalte zu kommen.

Da es in allen Berufsständen ‚solche und solche' gibt, bitten wir alle kreativen Köche um Entschuldigung, bedanken uns bei allen kreativen Konditorinnen und hoffen auf kreativen Lernerfolg bei unseren Leserinnen und Lesern.

2
Grundlagen ökonomischer Theorien

Was macht die ökonomische Theorie als Methode zur Erforschung und Erklärung sozialer – und hier insbesondere politischer – Phänomene aus? Was ist das Besondere an ihr und welche Erkenntnisse können mit ihr, *und nur mit ihr* (vgl. Kirsch 2004, S. 1), gewonnen werden? In diesem Kapitel werden die grundlegenden Konzepte und Postulate der *ökonomischen Methode* dargestellt. Dies erfolgt in Abgrenzung und explizit unabhängig vom *klassischen Gegenstand* der Ökonomie, dem allgemeinen und speziellen Wirtschaftsleben. Zudem wird auf die spezifischen ökonomischen Begrifflichkeiten und Definitionen am Ende des Buches als Glossar verwiesen. Für eine verständliche Darstellung des ökonomischen Denkens muss auf eine Vielzahl von Begriffen zurückgegriffen werden, deren Sinnhaftigkeit und analytischer Nutzen sich erst aus dem theoretischen Zusammenhang selbst ergeben.

Zur leichteren Nachvollziehbarkeit sind die wichtigsten Begriffe in einem eigenen Glossar am Ende des Buches zusammengestellt. Mancher Leser kennt die spezifische Bedeutung der hier verwendeten Begriffe möglicherweise schon, andere können das Glossar auch nach der Lektüre dieses Buches noch zum Nachschlagen nutzen.

Bevor allerdings mehr über den ökonomischen Ansatz selbst ausgeführt wird, müssen einige vorgängige Fragen geklärt werden: Wozu braucht man überhaupt Theorien? In Forschung und Lehre wird ja immer wie selbstverständlich vorausgesetzt, dass zum wissenschaftlichen Arbeiten Theorien notwendig sind – seien sie nun ökonomischer, system-funktionalistischer, konstruktivistischer etc. Art. Es ist also sinnvoll, zunächst erst einige grundlegende Gedanken über wissenschaftliche Erkenntnis, wissenschaftlichen Erkenntnisgewinn und dessen theoretische Fundierung vorauszuschicken. Auf diese Weise wird eine bessere Grundlage für das sozialwissenschaftliche Theorieverständnis und die spezifische Denk- und Herangehensweise ökonomischer Theorien geschaffen.

Der Einsatz von Theorien ist im Wissenschaftsbetrieb kein Selbstzweck, sondern notwendige Voraussetzung jeder Forschung und jedes Bemühens um Erkenntnisgewinn. Wissenschaft und Forschung streben danach, richtige, zutreffende Aussagen über die Realität zu machen. Eine Physikerin möchte bspw. etwas über die Beschaffenheit von Atomen und die sie umgebenden Elektronen aussagen, ein Biologe möglicherweise etwas über die Überlebensstrategien von Maulwürfen im Winter und eine Politikwissenschaftlerin eventuell etwas über das Wahlverhalten von Arbeitslosen. Über viele Fachgrenzen hinweg sind die größten Anstrengungen im modernen Wissenschaftsbetrieb auf die Suche nach richtigen, empirisch zutreffenden Erkenntnissen und Aussagen gerichtet. Dieses generelle Verständnis von Wissenschaft kann sicher als bekannt und akzeptiert unterstellt werden. Eine weitere, weitgehend geteilte Prämisse wissenschaftlichen Arbeitens wird dagegen seltener thematisiert und soll deshalb hier noch einmal wiederholt werden: Es geht um die Feststellung, dass es prinzipiell *keine voraussetzungsfreie* Wissenschaft geben kann. Das trifft sowohl für die Naturwissenschaften zu – denen man dies noch am ehesten zugebilligt hätte – als auch für die Sozialwissenschaften. Jedes Bild, das wir uns von der Realität machen, ist zwangsläufig von unserem Vorwissen, unseren Erfahrungen und Annahmen bestimmt: „Die Spur des Menschlichen durchzieht demnach alles" (James 2012, S. 42). Dies trifft ohne Einschränkung auch für die wissenschaftliche Forschung und die Theoriebildung zu (siehe hierzu Hanson 1965), denn unser Erfahrungshorizont ist ebenso durch die uns zur Verfügung stehenden Sinne begrenzt, wie auch unser Erkenntnishorizont durch unser Vorstellungsvermögen. Knapp zusammengefasst sind das die Gründe, warum wissenschaftliche Forschung nicht dem zu erforschenden Gegenstand ‚an sich' gilt, sondern dem jeweiligen *Bild,* welches wir uns von ihm machen. Die Grundsätze der Einsteinschen Relativitätstheorie, der Darwin'schen Evolutionstheorie oder die zentralen Theoreme der ‚Moderne', all dies sind Arbeits- und Hilfshypothesen, die zu einem gegebenen Zeitpunkt erfolgreich dabei waren oder es noch sind, ein möglichst sinnvolles, vielleicht sogar zutreffendes Bild der aktuellen Realität zu zeichnen. Idealerweise tragen sie auch zur Deutung und Erklärung der Realität bei und sind günstigenfalls hilfreich in weiteren Erkenntnisprozessen oder nützlich in der weiteren Gestaltung der Realität. Eine Theorie „braucht aber nicht – und tut es tatsächlich auch niemals – alle Tatsachen, mit denen sie konfrontiert wird, […] zu erklären" (Kuhn 1979, S. 32).

Es gibt also keinen absoluten oder ‚archimedischen Punkt', der unverrückbar und unzweifelhaft als Maßstab für die Objektivität wissenschaftlicher Erkenntnis herangezogen werden könnte. Alles was wir wissen, *alle Erkenntnis* ist von – im wissenschaftlichen Prozess selbst konstruierten – basalen Annahmen abhängig; Annahmen, die wegen ihrer Alltäglichkeit und vermeintlichen Selbstverständlichkeit zumeist nur noch schwer zu identifizieren sind. Diese Annahmen können bspw. ontologische Postulate sein, also solche, die Aussagen darüber machen, was ‚ist', und wenn es ist, ‚wie es ist'. Um ein sozialwissenschaftliches Beispiel zu nennen: Ist ‚politische Macht' etwas, was einer Person innewohnt und somit eine substanzielle Grundlage in ihr selbst hat? Oder handelt es sich um eine Eigenschaft, die immer nur zwischen zwei oder mehreren Personen *wirkt,* also letztlich nicht Personen zukommt, sondern in Beziehungen zwischen ihnen Wirkung entfaltet? (vgl. hierzu Karis 2008). Eng verwoben mit ontologischen Fragen sind auch epistemologische Annahmen, also solche, die etwas über die generelle Erfahrbarkeit von Realität (also z. B. über das Erkennen von Machtbesitz) aussagen.

Was nun die genauen Auswirkungen und Folgen solcher grundlegenden Voraussetzungen und Annahmen für den

2 Grundlagen ökonomischer Theorien

Forschungsprozess sein mögen, welche möglichen Auswege es geben könnte und ob *objektive* Erkenntnis trotzdem möglich ist (siehe hierzu Popper 1984), kann an dieser Stelle nicht diskutiert werden. Wichtig ist aber, sich immer zu vergegenwärtigen – sei es beim eigenen Forschen, sei es bei dem Lesen fremder Forschung-, dass die gewonnenen Erkenntnisse immer auch in Abhängigkeit von bestimmten Grundannahmen und Voraussetzungen stehen, die sich ihrerseits einer Letztbegründung entziehen.

Eben diese grundlegenden Aussagen sind der Ausgangspunkt dessen, was an dieser Stelle eine *Theorie* genannt werden soll. Unter Zuhilfenahme der Grundannahmen trifft eine Theorie mehr oder weniger schlüssige und widerspruchsfreie Aussagen über die Eigenschaften und Wirkungszusammenhänge der Realität. Eine Theorie kann man sich daher wie eine Brille vorstellen, die – analog zu Gläsern für kurz- oder weitsichtige Menschen – bestimmte Teile der Realität sichtbar macht, während sie andere ausblendet. Den Fächern der Naturwissenschaften liegt gewöhnlich für einen längeren Zeitraum nur ein allgemein akzeptiertes ‚Paradigma' zugrunde oder, um im Bild zu bleiben: Alle tragen so lange ein und dieselbe Brille, bis eine neue, bessere entwickelt wird. In den Sozialwissenschaften dagegen existieren üblicherweise verschiedene Paradigmen nebeneinander her.[1] Aufgrund dieses auch als

---

[1] Kuhn (1979) selbst würde den Sozialwissenschaften sicherlich absprechen, bereits eine ‚reife' Wissenschaft zu sein, für die sich der Begriff ‚Paradigma' überhaupt eignen würde. In der sozialwissenschaftlich-methodologischen Diskussion hat sich die Verwendung des Paradigmenbegriffs allerdings als sehr fruchtbar erwiesen.

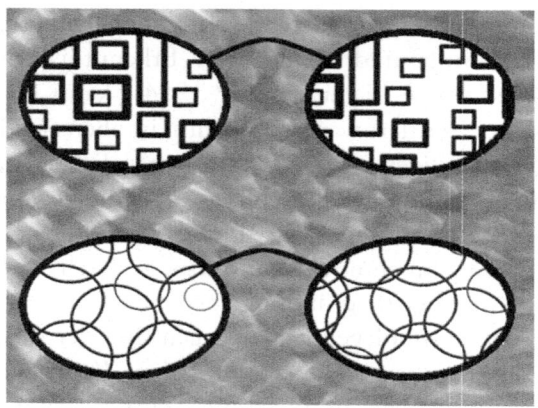

Abb. 2.1 Zwei ‚Theoriebrillen' entschlüsseln die Realität unterschiedlich. (Quelle: Eigene Darstellung)

Multiparadigmatik bezeichneten Phänomens sind Sozialwissenschaftlerinnen im Forschungsprozess gezwungen, eine von mehreren möglichen Theoriebrillen aufzusetzen.[2] Als Ergebnis dieser Überlegungen ist maßgeblich, dass wir uns immer der Ausschnitthaftigkeit und Selektivität bewusst sein müssen, die durch die Wahl des theoretischen Zugangs, im Falle dieses Buches der Ökonomischen Theorien der Politik, festgelegt wurde (siehe auch Abb. 2.1).

Wenn also im Folgenden von Grundannahmen gesprochen wird, die für ökonomische Theorien konstitutiv sind, sollte man aus dem eben Dargestellten immer zwei

---

[2]Die Konsequenz hieraus hat Renate Mayntz (2009, S. 37) auf den Punkt gebracht: Es scheine, „dass die wissenschaftliche Entwicklung in den Naturwissenschaften kumulativ, in den Sozialwissenschaften dagegen eher additiv ist".

2 Grundlagen ökonomischer Theorien

Schlussfolgerungen im Hinterkopf behalten: Erstens kann keine Theorie, und auch nicht die ökonomische Theorie, für sich in Anspruch nehmen, *alles* erklären zu können, weder im ureigenen, ökonomischen Bereich *alles*, noch im sozialen oder politischen Bereich *alles*. Eine solche ‚*theory of everything*‘³ gleicht einer Weltformel. Diese wurde bislang nicht gefunden und es gibt gute Gründe davon auszugehen, dass auch keine existiert. Zweitens muss man sich ebenso bewusst machen, dass *keine* Theorie der Komplexität ihres realen Gegenstandes gerecht wird. Die ökonomische Theorie, die – wie noch gezeigt wird – von beeindruckender Einfachheit und ontologischer Sparsamkeit geprägt ist, bildet da keine Ausnahme. Wer also ein möglichst umfassendes und vollständiges Bild der wirtschaftlichen, sozialen oder politischen Realität gewinnen will, sollte mit möglichst vielen verschiedenen theoretischen Brillen arbeiten.

Diese basalen Elemente vorausgesetzt, muss nun jede sozialwissenschaftliche Theorie, die sich auf die erfahrbare Realität bezieht, allgemeine Annahmen folgender Art formulieren:

- ein Erkenntnisprinzip,
  das sich aus Fragen generieren lässt wie z. B.: ‚Wie lässt sich ein belastbarer Zugang zur sozialen Realität schaffen?'

---

³Bei der ‚*theory of everything*‘ (‚Weltformel‘) handelt es sich von der ursprünglichen Wortbedeutung her um einen Ansatz aus der Physik, welcher den Versuch beschreibt, eine theoretische Vereinigung von Quantentheorie und allgemeiner Relativitätstheorie zu erreichen (‚Quantengravitation‘). An dieser Stelle ist damit ein übergeordnetes und allgemein akzeptiertes Paradigma der Sozialwissenschaften gemeint.

- ein Verhaltensmodell,
  das sich durch Fragen klären lässt wie z. B. ‚Was sind die wesentlichen Triebkräfte menschlichen Handelns?';
- ein Erklärungsmodell,
  das sich durch Fragen konstruieren lässt wie z. B. ‚Wie erklärt die Theorie soziale Phänomene?' und
- Grundbegriffe,
  die z. B. mittels der Frage herausarbeiten lassen ‚Was sind die elementaren Begriffe, um die Realität zu fassen?'

Die Antworten, die die ökonomische Theorie hierauf gibt, werden im Folgenden dargestellt. An dieser Stelle sei noch einmal auf die Grundbegriffe im Glossar am Ende des Buches verwiesen.

2.1 Erkenntnisprinzip: Der methodologische Individualismus

Das elementare Erkenntnisprinzip ökonomischer Theorien ist der *methodologische Individualismus*. Hierbei handelt es sich um ein grundlegendes Prinzip sozialwissenschaftlicher Forschung, welches das Individuum in den Mittelpunkt der Analyse stellt und individuelles Verhalten zum Ausgangspunkt der zu untersuchenden und zu erklärenden sozialen Phänomene macht. Die kleinsten, entscheidenden Aktions- und Analyseeinheiten, die durch ihr Handeln soziale Realitäten schaffen, sind also Individuen, einzelne Menschen, und nicht kollektive Entitäten wie Klassen,

Organisationen oder die Gesellschaft als Ganzes.[4] Grundlegend für dieses Erkenntnisprinzip ist, dass sich auch alle über das Individuum hinausgehenden sozialen Beziehungen, Strukturen und Institutionen, durch individuelle Entscheidungen und Handlungen und durch individuelles Verhalten erklären lassen (Reduktion) (vgl. Behrends 2001, S. 5; siehe auch Heintz 2004).

Hierbei ist aber wichtig, zwei weit verbreitete Missverständnisse zu vermeiden: Der methodologische Individualismus zielt, erstens, *nicht* primär darauf ab bzw. beschränkt sich *nicht* darauf, individuelles Handeln zu erklären (Mikroebene). Er zielt vielmehr auf die Erklärung kollektiven Handelns (Makroebene). Seiner individualistischen Basis folgend ist dieses kollektive Handeln aber immer zerleg- und rückführbar auf das Handeln Einzelner: „Auf der Makroebene geschieht, was auf der Mikroebene gemacht wird" (Kirsch 2004, S. 5, Hervorhebung entfernt). Die Existenz sozialer Kollektive und gesellschaftlicher, ökonomischer und politischer Strukturen wird vom methodologischen Individualismus also nicht negiert (wie könnte man auch!). Zentraler Bestandteil dieses Erkenntnisprinzips ist aber, dass ihnen keine Eigenschaften zukommen, die sich nicht aus den Handlungen der einzelnen Individuen ergeben. Zwar kann die höhere Ebene Eigenschaften besitzen, die ihre Einheiten nicht besitzen, so wie dies bspw. auch bei der Temperatur von Stoffen der

---

[4]Margaret Thatcher, frühere britische Premierministerien, überzog diesen Grundgedanken provokant: „There is no society, only individuals" (zitiert nach Vassilev 2008, S. 619).

Fall ist. Eben diese Eigenschaften lassen sich aber vollständig auf die Mikroebene zurückführen (vgl. hierzu Heintz 2004, S. 4).

Das Bindeglied zwischen der Mikroebene der individuellen Handlungen und der Makroebene sozialer Strukturen und Prozesse bildet der *soziale Tausch*. Jede soziale Interaktion zwischen Individuen wird in dieser Sichtweise als Austausch von materiellen und immateriellen Gütern interpretiert. Beim Kauf eines Brotes beim Bäcker wird ein materieller Geldwert gegen ein Brot getauscht, bei einem Kneipenbesuch zweier Freunde werden bspw. wechselseitig die immateriellen Werte Zeit und Aufmerksamkeit aufgebracht und ausgetauscht. Tauschprozesse, insbesondere wenn sie regelmäßig und gleichförmig auftreten, bilden soziale Strukturen heraus, die wiederum auf die einzelnen sozialen Tauschprozesse zurückwirken. Die Struktur sozialer Phänomene ist also einerseits die Folge, andererseits der Kontext und Handlungsrahmen, in dem soziale Tauschgeschäfte stattfinden.

Grundlegendes Merkmal, das den *sozialen Tausch* überhaupt erst notwendig macht, ist die für die ökonomische Theorie fundamentale Annahme der (gemäßigten) *Knappheit*. Tauschbeziehungen sind erst dadurch nötig, dass kein Gut, sei es materiell oder immateriell, in unbegrenztem Maße vorhanden ist. In einer Welt ohne Knappheit bestünde für die Individuen kein Anreiz, mit anderen in Tauschbeziehungen einzutreten, da sie sich das gewünschte Gut auch ohne Gegenleistung besorgen können.

Ein zweites häufig anzutreffendes Missverständnis unterstellt dem methodologischen Individualismus eine isolierte und somit kontextfreie Betrachtung der Individuen. Nach dem bekannten Diktum ‚Niemand ist eine Insel' habe er daher ein unrealistisches, geradezu entwurzeltes und asoziales Verständnis von seinem genuinen Subjekt. Diese – falsche – Interpretation zieht aus der Tatsache, dass für den methodologischen Individualismus die Handlungseinheit jeweils der Einzelne ist, den falschen Schluss. Behauptet wird nämlich, dass die Individuen ohne ihre soziale Umgebung betrachtet würden. Genau das Gegenteil ist aber richtig: Der Möglichkeitsraum des Einzelnen wird vielmehr maßgeblich von seiner sozialen und materiellen Umgebung beeinflusst. Der individuelle Möglichkeitsraum, verstanden als die Summe aller prinzipiell möglichen Handlungen eines Individuums in einer gegebenen Situation, wird in hohem Maße von der institutionell-sozialen Umwelt und dem Handeln Anderer eröffnet, beschränkt und kanalisiert. Ohne den für das Individuum relevanten Kontext kann dessen Handeln also nicht verstanden werden. Dieser Kontext muss daher auch in besonderem Maße zur Analyse und Erklärung herangezogen werden. Ein klassisches Instrument des ökonomischen Ansatzes zur Analyse sozialer Interaktionssituationen ist die sog. Spieltheorie.

Infokasten 2.1: Spieltheorie

Bei der Spieltheorie handelt es sich um die *mathematische Analyse strategischer Entscheidungssituationen.* Diese sind dadurch gekennzeichnet, dass das Ergebnis der Entscheidung von mehr als einem Entscheidungsträger abhängig ist, jeder Einzelne daher die möglichen Entscheidungen der anderen mit in das Kalkül seiner eigenen Entscheidung

> einbeziehen muss (vgl. Holler und Illing 2003, S. 1). Die Bezeichnung ‚Spieltheorie' ergibt sich dadurch, dass in ihren Anfängen die Analyse von Gesellschaftsspielen wie Schach oder Poker im Vordergrund stand (vgl. Eber 2004, S. 7) und auch heute noch die modellierten Entscheidungssituationen als ‚Spiele' interpretiert werden.
>
> Wenn auch ihre Ursprünge weiter zurückreichen, so kann das Werk ‚Theory of Games and Economic Behaviour' von John von Neumann und Oskar Morgenstern aus dem Jahre 1944 als der eigentliche Ausgangspunkt der modernen Spieltheorie gelten. In den folgenden Jahrzehnten wurde sie weiterentwickelt (insbesondere von John Nash und dem Konzept des nach ihm benannten Nash-Gleichgewichts) und hat sich mittlerweile als eigenständige, für viele Ökonomen sogar als eine Grundlagendisziplin der Wirtschaftswissenschaften etabliert.

Das diametral entgegengesetzte Erkenntnisprinzip ist der methodologische Kollektivismus oder Holismus. Dieser behauptet eine Eigengesetzlichkeit sozialer Strukturen und Kollektive, die sich nicht als Summe individuellen Handelns erfassen lässt, sondern jenseits davon liegt bzw. über sie hinausgeht (vgl. Schubert 1991, S. 22). Der *Reduktion* sozialer Makrophänomene auf die Mikroebene stellt der methodologische Kollektivismus die *Emergenz* von Eigenschaften gegenüber, die sich nicht durch Verweis auf die Mikroebene erklären lassen (Irreduzibilität) (vgl. Heintz 2004, S. 5). Aufgrund emergenter und somit nicht weiter reduzierbarer Eigenschaften von Kollektiven seien soziale Gruppen- und Strukturphänomene daher auch nicht (oder zumindest nicht ausreichend) durch Individualverhalten erklärbar. Die grundlegenden Annahmen des methodologischen Kollektivismus sind folgerichtig auch Annahmen über soziale Strukturen und Gruppen.[5]

Dem wissenschaftstheoretischen Grundsatzstreit zwischen methodologischen Individualistinnen und Kollektivisten liegt die oft ideologisch aufgeladene Frage nach der Beziehung von Individuum und Gesellschaft zugrunde (vgl. Vassilev 2008, S. 620), was eine sachliche Diskussion um die Vorzugswürdigkeit der einen oder anderen Sichtweise natürlich eher erschwert als erleichtert. An dieser Stelle soll, in Einklang mit den einleitenden wissenschaftstheoretischen Vorüberlegungen, ein agnostischer Standpunkt eingenommen werden: Beide wissenschaftlichen Herangehensweisen sind richtig und wichtig. Sie haben auch jede für sich ihre unbestreitbare Erklärungskraft. Dies zu negieren und nur eine als ‚Goldstandard' auszurufen, wäre in hohem Grade anmaßend und schließlich unproduktiv. Existieren für ein zu erklärendes soziales Phänomen konkurrierende Erklärungsansätze auf verschiedenen analytischen Ebenen, so sind für jeden Einzelfall von neuem die Erklärungsmächtigkeiten der unterschiedlichen Interpretationen zu vergleichen oder aber, noch besser, zu kombinieren.

---

[5]Wird bspw. in der marxistischen Theorie der unauflösbare Antagonismus zwischen Kapital und Arbeit als die treibende Kraft gesellschaftlicher Entwicklung angesehen, so handelt es sich um eine Annahme, welche sich auf soziale Großgruppen (die der Bourgeoise und des Proletariats) bezieht und nicht als Summe der ‚Einzelantagonismen' der individuellen Kapiteleigner und Arbeiterinnen interpretiert werden kann.

2.2 Verhaltensmodell: Der homo oeconomicus

Wenn alle sozialen Phänomene gemäß des methodologischen Individualismus auf Individuen und individuelles Handeln zurückführbar sind, sind keine zusätzlichen Annahmen für die kollektive Ebene nötig: Diese kann man aus den Prämissen der Individualebene ableiten. Um es zu wiederholen: Aus dem Erkenntnisprinzip des methodologischen Individualismus folgt zwingend, dass alle Prämissen und Annahmen einer Theorie Prämissen über individuelles Verhalten sein müssen (vgl. Lehner 1981, S. 10). Der methodologische Individualismus als *Erkenntnisprinzip* gibt demnach aber nur vor, *auf wen* sich die Prämissen richten, d. h. *über wen* und *über was* Prämissen aufgestellt werden müssen. Er sagt aber nichts *über die Prämissen selbst* aus. Für eine weitere Spezifizierung der ökonomischen Theorie wird daher ein ausreichend ausformuliertes und spezifiziertes Verhaltensmodell benötigt. Es geht also um eine grundlegende Theorie der wesentlichen und basalen Triebkräfte, die menschliches (und entsprechend hier: individuelles) Handeln prägen, strukturieren und lenken. Das Handlungs- und Entscheidungsmodell der Ökonomik wird üblicherweise unter dem Begriff des *homo oeconomicus* zusammengefasst.

Dieser ist, ebenso wie sein soziologischer ‚Gegenspieler', der *homo sociologicus* (Dahrendorf 1960), „ein selektives Konstrukt, ein stilisiertes Modell des real existierenden Menschen, bei dem biologische und psychologische Merkmale ausgeblendet werden, obwohl sie für die

Erklärung konkreten Verhaltens durchaus relevant sind" (Mayntz 2009, S. 19). Es handelt sich also um Idealtypen, um Abstraktionen und Simplifikationen der Realität. Kein Mensch ist (Gott sei Dank!) ein reiner *homo oeconomicus* (oder *sociologicus, faber,* oder *ludens*), sondern diese Begriffe bezeichnen nur spezielle Verhaltensmodelle, die jeweils unterschiedliche Merkmale als wesentlich für die Beschreibung und Erklärung menschlichen Verhaltens herausheben und diese für die Analyse als entscheidend annehmen.

> **Infokasten 2.2: Homo sociologicus**
>
> Beim homo sociologicus handelt es sich um ein sozialwissenschaftliches Paradigma, welches prominent von Ralf Dahrendorf (1960) vertreten wurde und nicht selten als soziologischer Gegenentwurf zum homo oeconomicus betrachtet wird. Ein homo sociologicus hat gesellschaftliche Normen, Werte und Regeln *internalisiert* und handelt ihnen entsprechend. Er verspürt auch kein Bedürfnis, sich diesen Regeln zu widersetzen. „Entscheidungen spielen hier kaum eine Rolle, weil das Individuum im allgemeinen durch die Internalisierung von Normen und als Träger von Rollen kaum in Konflikt zur Gesellschaft gerät" (Braun 1999, S. 41). Die Gesellschaft als Institution sozialer Kontrolle kreiert Erwartungsdruck und -zwänge und sanktioniert im Zweifelsfall abweichendes Verhalten.
>
> Der Gegensatz zwischen beiden ‚homines' liegt in der unterschiedlichen Schwerpunktsetzung bezüglich des grundsätzlichen gesellschaftlichen Koordinationsmechanismus: Für den homo oeconomicus ist dies der ‚Markt', beim homo sociologicus sind es die ‚Normen'. Ersterer *maximiert* seinen Nutzen (siehe hierzu den Haupttext), zweiterer *minimiert* die Differenz zwischen sich und den gesellschaftlichen Normen. Vereinfachend lässt sich als Faustregel merken: Der homo sociologicus kann nicht anders handeln, der

> homo oeconomicus will nicht anders handeln (vgl. Braun 1999, S. 41).
> Trotz ihres Gegensatzes haben die Konstrukte beider Verhaltensmodelle das gleiche analytische Problem. Sie sind überfordert, wenn sie mit dem jeweils anderen Mechanismus der Verhaltenskoordination konfrontiert werden: der homo oeconomicus, wenn er Zwängen in Form von Normen ausgesetzt ist, der homo sociologicus, wenn er auf einem Markt frei handeln soll.
> Für den Versuch einer Synthese zu einen *homo sociooeconomicus* siehe Weise (1989).

Was nun sind diese entscheidenden Wesensmerkmale, die dem homo oeconomicus zugeschrieben werden und somit sein Handeln als wesentliche Triebkräfte bestimmen? Die ökonomische Theorie stellt als entscheidenden Aspekt individuellen Handelns die *Rationalität* in den Vordergrund. Es handelt sich um eine Theorie der rationalen Wahl, eine *rational-choice-Theorie*. Was genau bedeutet dies? In ökonomischen Theorien heißt rationales Verhalten, dass *eine Person über Präferenzen bezüglich bestimmter Handlungsalternativen verfügt, diese entsprechend ihres Nutzens logisch konsistent ordnet und die am höchsten eingeordnete Präferenz von ihnen schließlich auswählt*. Die einzelnen Elemente und Eigenschaften des rationalen homo oeconomicus werden nun im Einzelnen betrachtet und ausgeführt.

2.2.1 Präferenzen und Restriktionen

Menschen handeln in der Regel nicht willkürlich und konzeptlos, sondern sie reflektieren ihre Handlungsmöglichkeiten in systematischer Art und Weise. Sei es implizit oder explizit, sie wägen zwischen den Vor- und Nachteilen der vorhandenen Optionen ab (vgl. Frey 1990, S. 4). Es soll hier nicht ausgeschlossen werden, dass Menschen unter bestimmten Umständen (Willensschwäche, Irrtum, Wut etc.) dies manchmal auch eben nicht tun (siehe hierzu auch Elster 2007, S. 145–161), aber: „Wer bestimmte Wünsche und Überzeugungen hat, kann sich im Allgemeinen für bestimmte Handlungen nur um den Preis der Irrationalität entscheiden" (Clausen 2009, S. 24). Irrational-willkürliches Verhalten entzieht sich aus der rational-choice-Perspektive aber prinzipiell einer erklärenden Durchdringung und kann insofern nicht Gegenstand sozialwissenschaftlicher Forschung sein.

Aus rationaler Sicht werden – vor eine Entscheidung gestellt – die vielen potenziellen Handlungsoptionen für eine Person (der ‚Möglichkeitenraum') im Wesentlichen durch zwei Faktoren beschrieben: Präferenzen und Restriktionen (vgl. Kirchgässner 2008, S. 12). Sich rational zu verhalten, bedeutet für die ökonomische Theorie:

1. alle Handlungsalternativen aus dem Möglichkeitenraum zu bewerten und
2. entsprechend ihrer Wünschbarkeit in eine Präferenzrangfolge zu bringen.

Diese Rangfolge ist *zunächst* unabhängig von äußeren Einflüssen und Beschränkungen. Sie spiegelt so gewendet nur die subjektive Wünschbarkeit in einer perfekten, unbeschränkten Welt wider. So mag ein Student, der sich ein neues Auto kaufen möchte, unabhängig von seinem Budget eine Präferenzordnung haben, in der ein neuer Porsche

Carrera vor einem gebrauchten Opel Corsa rangiert. An dieser Stelle ist es wichtig zu betonen, dass die Präferenzrangfolge nicht auf Grundlage des dann auch tatsächlich eintretenden Nutzens für das Individuum hergestellt wird, sondern aufgrund des *erwarteten* Nutzens. Da prinzipiell kein gesichertes Wissen über zukünftige Ereignisse existiert, kann sich die Bildung einer Präferenzordnung nicht auf den dann tatsächlich erhaltenen Nutzen stützen, sondern ‚nur' auf den erwarteten Nutzen. Stellt der Student nach dem Kauf des Porsche Carreras fest, dass sich dieser nur schlecht für den Stadtverkehr eignet und zudem einen sehr hohen Benzinverbrauch hat (sich also insgesamt sein erwarteter Nutzen nicht einstellt), so wird seine Entscheidung nicht a posteriori irrational. Entscheidender Referenzpunkt für die Rationalität ist der *vor* der Entscheidung erwartete Nutzen.

In allen Lebenssituationen beschränken *Restriktionen* den Kreis der denkbaren möglichen Handlungsoptionen, indem sie manche völlig ausschließen oder unattraktiv werden lassen. Betrachtet der Student im Schaufenster eines Autohauses einen Porsche Carrera, so mag er sich nichts sehnlicher wünschen als ihn zu kaufen, sein begrenztes Budget allerdings schließt diese Handlungsoption prinzipiell aus (und er kauft sich stattdessen den gebrauchten Opel Corsa). Die Restriktionen einer Entscheidungssituation müssen nicht nur finanzieller Natur sein (ebenso wenig, wie die Entscheidungssituation selbst dies sein muss). Auch z. B. das erwartete Verhalten Anderer oder Konflikte mit den eigenen Moralvorstellungen können restriktiv wirken. Wenn bspw. der hohe Preis des Porsches einen Kauf ausschließt, so besteht für die

Person immer noch die denkbare Option des Diebstahls. Aufgrund der zu erwartenden nicht-monetären Kosten (Wahrscheinlichkeit, geschnappt zu werden, Gewissensbisse etc.) fällt diese Option (wahrscheinlich und üblicherweise) in der Präferenzordnung aber nach hinten, da sich ihr *relativer Preis* erhöht.

Restriktionen schränken also den Möglichkeitsraum in einer Entscheidungssituation ein. Sie lassen aber in der Regel noch einige (oder mindestens mehr als eine) Handlungsoptionen zu. Gäbe es nur eine Handlungsalternative, gäbe es auch nichts zu entscheiden, wobei zu bedenken ist, dass oft auch das Nicht-Handeln als Option existiert. Rationales Handeln liegt nun dann vor, wenn aus der durch Restriktionen beeinflussten Präferenzordnung diejenige Alternative mit dem größten erwarteten Nutzen ausgewählt wird. Rationales Handeln ist demnach zielgerichtet, wodurch sich als ein weiteres Merkmal der ökonomischen Theorie ihr *teleologischer* Charakter bestimmen lässt. Der homo oeconomicus kennt also keine intrinsische Motivation für sein Handeln, sondern richtet es immer an einem Ziel/Zweck aus.

Die Trennung zwischen (eindeutig geordneten) *Präferenzen* und – den Möglichkeitsraum beschränkenden – *Restriktionen* ist nicht nur analytisch außerordentlich wichtig. Sie ist auch für die Methodik der ökonomischen Theorie und die Entwicklung von Erklärungen sozialer Phänomene von zentraler Bedeutung: So weit möglich werden beobachtbare Veränderungen individuellen Verhaltens durch Veränderungen verhaltensrelevanter Restriktionen erklärt und nicht durch einen Wandel individueller Präferenzen. Die Begründung hierfür liegt auf der Hand:

Restriktionen und ihre *Veränderungen* lassen sich einfacher bestimmen und messen als der *Wandel individueller Präferenzen*. Letztere lassen sich empirisch nicht oder nur außerordentlich schwer beobachten und messen. Anders ausgedrückt: Individuelle Präferenzen werden für den Zeitraum der Analyse üblicherweise als konstant angenommen, während sich der analytische Fokus auf die Veränderungen des Möglichkeitsraums richtet (siehe hierzu auch Abb. 2.2).

Warum ist dies so? Kann nicht auch eine Verhaltensänderung durch eine Präferenzänderung hervorgerufen werden? Wenn man beobachtet, dass plötzlich mehr Personen Kurzstrecken mit dem Fahrrad anstelle des Autos fahren und dies zuvor genau anders herum war, so liegt es doch nahe, dass sich die Präferenzen dieser Personen vom Autofahren hin zum Fahrradfahren verschoben haben. Vertreter der ökonomischen Methode stellen sich allerdings für gewöhnlich auf den Standpunkt, dass eine solche Erklärung zwar intuitiv einleuchtend sein mag. Sie führen aber zwei Gegenargumente ins Feld: Erstens sind Präferenzen in der Regel weitaus stabiler als Restriktionen (vgl. Kirchgässner 2008, S. 24). Daher ist es sinnvoller, sich auf Restriktionen zu konzentrieren. Zweitens und wichtiger ist aber, dass Änderungen der Präferenzordnungen nur sehr schwer, mit unverhältnismäßig hohem Aufwand oder gar nicht empirisch zu überprüfen sind (vgl. Frey 1990, S. 5). Der Wandel der Präferenzordnung müsste hierfür *unabhängig* von der Handlungsänderung erklärt werden, was sich in sehr vielen Fällen als methodisch kaum umsetzbar erweisen dürfte. Versucht man aber den Wandel der Präferenzordnung seinerseits mithilfe der Verhaltensänderung zu erklären,

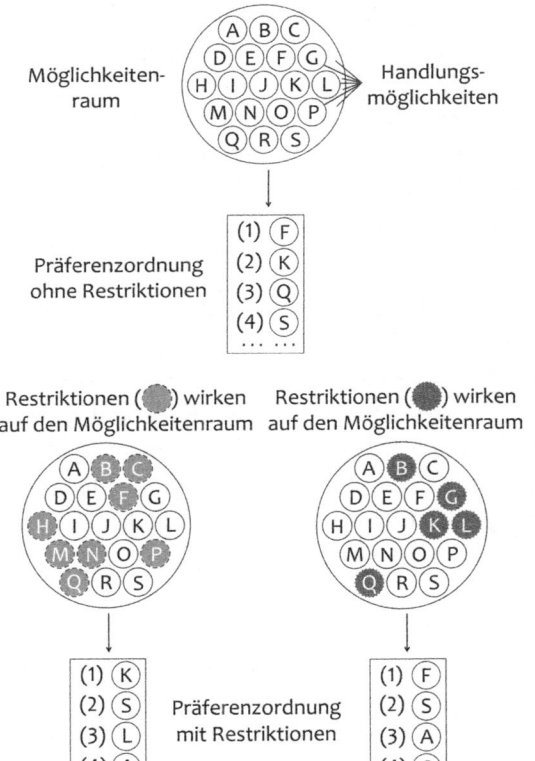

Abb. 2.2 Präferenzen und Restriktionen. (Quelle: Eigene Darstellung)

tautologisiert man das Argument: Die Präferenzänderung muss stattgefunden haben, weil sich das Verhalten geändert hat, und das Verhalten hat sich geändert, weil sich die Präferenzen gewandelt haben. Ein solcher Zirkelschluss hätte die gleiche Erklärungskraft wie der berühmte ‚weiße Schimmel' oder der Satz „Eine Rose ist eine Rose!". Die Veränderungen des Möglichkeitsraums, also die Veränderungen der Restriktionen, sind hingegen ungleich leichter zu fassen. Die erhöhte Nutzung von Fahrrädern ließe sich bspw. durch den erhöhten Benzinpreis oder den Ausbau der Fahrradwege erklären.

2.2.2 Präferenzordnungen

Durch den Vergleich der Handlungsalternativen – genauer: der erwarteten Folgen, die aus den verschiedenen Handlungsalternativen resultieren – schafft sich das Individuum also eine *Präferenzordnung*. Diese muss drei Bedingungen erfüllen, um aus Sicht der ökonomischen Theorien rational zu sein:

a) Konnektivität
   Vor die Wahl zwischen zwei beliebige Alternativen gestellt, muss ein Individuum immer in der Lage sein, seine Präferenzen eindeutig zu bestimmen. Es muss entweder eine der beiden der jeweils anderen gegenüber bevorzugen (Präferenzrelation) oder aber beide für gleich erstrebenswert halten (Indifferenzrelation). Unwissenheit, Unkenntnis oder Zweifel bezüglich der eigenen Präferenz ist nicht möglich. Es darf also keine unbestimmte Relation geben.
b) Transitivität
   Die Präferenzen müssen in sich logisch widerspruchsfrei sein, elementare Voraussetzungen der formalen

Logik dürfen also nicht verletzt werden. So muss aus der Präferenzreihenfolge ‚x lieber als y, und y lieber als z' logisch ‚x lieber als z' folgen. An einem Beispiel verdeutlicht: Wenn ein Individuum Erdbeereis vor Vanilleeis bevorzugt, und Vanilleeis vor Schokoladeneis, so folgt logisch, dass es auch Erdbeereis gegenüber Schokoladeneis vorzieht.

c) Kontinuität

Bevorzugt ein Individuum, wie im eben genannten Beispiel, Erdbeereis vor Vanilleeis, und existiert eine weitere Alternative, die ähnlich der bevorzugten ist (bspw. das Erdbeereis eines anderen Herstellers), so muss es auch dieses dem Vanilleeis vorziehen. Wenn ‚x lieber als y' und ‚z ähnlich x' gilt, so gilt auch ‚z lieber als y'.

2.2.3 Dünne oder dicke Rationalität?

Aus ökonomischer Perspektive bedeutet Rationalität – wie gesagt –, dass der Einzelne aus seiner Präferenzordnung diejenige Alternative wählt, die *ihm* den *größten* Nutzen verschafft. Es lassen sich daher zwei Schlussfolgerungen festhalten. Erstens ist es der *eigene* Nutzen, der handlungsentscheidend ist *(Eigennutzorientierung)* und zweitens wird dieser *maximiert (Nutzenmaximierung)*. Diese Feststellung wirft aber mehr Fragen auf, als sie Klarheit schafft: Was lässt sich unter dem Begriff ‚Eigennutzen' konkret und genau fassen? Ist dies ein möglichst hoher Kontostand? Das Besetzen der höchsten politischen Ämter wegen der damit verbundenen Machtfülle? Oder richtet sich der Eigennutz auf das Erreichen des inneren Seelenfriedens?

Und welche aller möglichen Handlungen ist geeignet, eines der genannten Ziele zu erreichen? Neben diesen Unklarheiten bezüglich des *Inhalts* des Nutzenbegriffs stellen sich zudem Fragen hinsichtlich des Prinzips der Maximierung: Liegt im Streben nach dem Maximum nicht eine dauernde Überforderung? Ist das Ziel der Maximierung nicht auch ethisch fragwürdig? Handelt es sich gar um eine „theoretische Apotheose der Ellenbogenmentalität" (Miller 1994)?

Da es sich bei diesen beiden miteinander verwobenen Prinzipien um häufig diskutierte und kritisierte Eigenschaften des homo oeconomicus handelt, erscheinen einige weiterführende Anmerkungen angebracht. Die innertheoretische, methodisch-konzeptionelle Debatte kreist vor allem darum, ob und gegebenenfalls wie der Begriff des ‚Eigennutzens' und dessen Maximierung näher spezifiziert werden kann. Bei dieser Diskussion geht es letztlich um die Frage, welche Handlungen nun als rational bezeichnet werden können (zur normativen Kritik, die sich im wesentlich an der Eigennutzenorientierung und Nutzenmaximierung entzündet, sei auf das Kap. 8 verwiesen).

Die beiden Positionen, die sich innerhalb der ökonomisch-theoretischen Debatte über die Rationalität von Handlungen gegenüberstehen, werden üblicherweise als die ‚dünne' und die ‚dicke' Version von Rationalität bezeichnet (Elster 1983; Ferejohn 1991). Beide Ansätze stimmen darin überein, dass ein Individuum aus seiner Präferenzordnung immer diejenige Alternative auswählt, die ihm den größten erwarteten Nutzen erbringt. Wie folgendes Beispiel zeigt, klingt dies einleuchtend: Am

2 Grundlagen ökonomischer Theorien

Wochenende vor die Wahl gestellt, präferiert eine Person einen Kinobesuch vor einem Kneipenbesuch. Geht die Person dann aber – ceteris paribus – dennoch in eine Kneipe, handelt sie nicht rational. Beide Rationalitätskonzeptionen gehen gleichermaßen davon aus, dass Individuen Nutzenmaximierer sind: Wer immer diejenige Alternative wählt, die den *größten* erwarteten Nutzen beschert, handelt zwangsläufig auch *nutzenmaximierend*.

Bei der o. g. Entscheidung zwischen Kneipe und Kino würde wahrscheinlich niemand widersprechen. Anders mag es in folgendem Beispiel aussehen: Eine Studentin bevorzugt, an einem heißen Tag ins Freibad zu gehen, anstatt für eine anstehende Klausur zu lernen. Handelt sie rational, wenn sie gemäß ihrer Präferenzordnung agiert und ins Freibad geht? Die dünne Version der Rationalität würde dies bejahen. Für sie ist als einzig legitimer Ursprung der Präferenzordnung die *subjektive Wünschbarkeit zum Zeitpunkt der Entscheidung* ausschlaggebend. Rationales Handeln heißt so gesehen also nicht, dass ein Individuum immer die für ihn ‚wirklich' beste Alternative wählt. Mit anderen Worten: die ‚dünne' Rationalität liefert keine Definition für eine Nutzenorientierung, die *vom Subjekt unabhängig* ist und insofern als möglicher externer *objektiver* Maßstab gelten könnte. Auch bedeutet dies nicht, dass „der Einzelne nur dann rational handelt, wenn er im Augenblick der Entscheidung die Wahl trifft, die er treffen würde, wenn er sich – nach Eintreten der Konsequenzen – noch einmal entscheiden könnte" (Kirsch 2004, S. 7). Selbst wenn also die oben erwähnte Studentin im Nachhinein erkennt, dass es für sie besser gewesen wäre, auf das Schwimmen zu verzichten und stattdessen zu lernen, weil sie durch die Prüfung gefallen ist, bedeutet es nicht, dass sie, als die Entscheidung anstand, nicht rational gehandelt hat. Auch muss nicht vorausgesetzt sein, dass sie ausnahmslos über alle Alternativen und ihre tatsächlich eintretenden Folgen informiert ist oder gar, dass Gefühle oder Emotionen nicht als Entscheidungsgrund akzeptiert würden. Die dünne Version von Rationalität „geht lediglich davon aus, dass der Einzelne, so wie er ist, jene Alternative wählt, die ihm als die Beste erscheint" (Kirsch 2004, S. 7).

Rationales Verhalten heißt so gesehen ‚nur', dass die Gründe für die Handlungen aus der (konsistenten und widerspruchsfreien, siehe den vorherigen Abschnitt) Präferenzordnung erwachsen müssen: Die Handlungen müssen auf das verfolgte Ziel gerichtet sein (hier zeigt sich noch einmal der teleologische Charakter ökonomischer Theorien) und auch geeignet sein, das Ziel zu erreichen. Was als jeweiliges inhaltliches Ziel angestrebt wird, ist davon jedoch unabhängig: Würde die Studentin Schwimmen gehen, *um* die Prüfung zu bestehen, so würde man ein solches Verhalten richtigerweise als nicht rational bezeichnen. Geht sie aber Schwimmen, *um* sich sportlich zu betätigen, handelt sie rational, da ihr Handeln auf das präferierte Ziel ausgerichtet ist. In Abhängigkeit der subjektiven Präferenzordnung kann also ein und dieselbe Handlung einmal als rational und einmal als nicht rational beurteilt werden. Es bleibt also festzuhalten: Die Präferenzen und ihre subjektive Ordnung bleiben der Theorie extern. Sie werden im Rahmen der Theorie nicht erklärt, zudem ist die Einordnung einer Handlung als rational oder irrational völlig unabhängig von ihrem Inhalt (vgl. Mayntz 2009, S. 69).

Denkt man diese Konzeption weiter, so lässt sich im Extremfall jedes noch so irrational erscheinende Handeln als rational interpretieren, solange es nur in Übereinstimmung mit der subjektiven Präferenzordnung steht und diese in sich widerspruchsfrei und konsistent ist. Auch lässt sich bspw. altruistisches Verhalten als rational auffassen. Die Maximierung des Eigennutzes heißt hier demnach nicht – oder zumindest nicht zwangsläufig – die völlig rücksichtslose Verfolgung egoistischer Interessen. Vielmehr kann rationales Handeln auch den Nutzen anderer mit einschließen. Wichtig ist lediglich die Annahme, dass das Handeln immer am *eigenen* Nutzen ausgerichtet ist: Wer einem Freund bei einem Umzug hilft, tut dies, weil er *sich selbst* dabei schlecht fühlen würde, wenn er sich vorstellt, dass sein Freund die ganze Arbeit allein machen müsste, oder aber, weil er mit gutem Grund annehmen kann, dass er die gleiche Hilfe bei seinem Umzug erhalten würde. Man kann ein solches Verhaltensmodell auch als *neutral eigennützig* (Frey 1990, S. 6) bezeichnen: Es ist verlässlich, anzunehmen, dass Menschen entsprechend ihrer eigenen Interessen handeln, wobei sie ihren Mitmenschen weder ausgesprochen böswillig noch ausgesprochen gutwillig gegenüberstehen. Ein Handeln, welches *auch* anderen nützt, ist hierdurch – wie gesagt – nicht prinzipiell ausgeschlossen.

Ein solches ‚dünnes' Verständnis von Rationalität ist allerdings von einem empirischen Standpunkt aus problematisch, da es zur Tautologie neigt. Es ist im wahrsten Sinne des Wortes so ‚dünn', dass es kaum noch einen Inhalt hat. Alles Handeln lässt sich auf diese Weise im Nachhinein als rational interpretieren: Ein Individuum wählt aus allen Alternativen die Beste, und die Beste ist diejenige, die es auswählt. Die ‚Anforderungen' an rationales Handeln beschränken sich auf eine konsistente Präferenzordnung sowie auf einen geeigneten Einsatz von Mitteln zur Zielerreichung. Wenn auch das Argument vorgebracht wird, die Erklärungskraft ökonomischer Theorien ergebe sich nicht aus dem Inhalt der Präferenzen, sondern aus ihrer formalen Struktur (siehe z. B. Riker 1990), so gehen doch die meisten Theorien von einem robusteren ‚dickeren' Rationalitätsbegriff aus. Als eines der wenigen Beispiele für eine ökonomische Theorie der Politik, die auf einem dünnen Rationalitätskonzept beruht, sei das Unmöglichkeitstheorem von Arrow genannt (vgl. Kap. 4).

Doch ist mit einer ‚dickeren', weil gehaltvolleren Theorie wirklich mehr gewonnen? Die ‚dicke' Version der Rationalität ist ontologisch anspruchsvoller und radikaler, da sie auch Annahmen über die generelle Ausrichtung der Präferenzordnungen von Individuen mit einbezieht. Sie geht von den gleichen Grundannahmen wie die ‚dünne' Rationalität aus, fügt dem aber einen Maßstab für den Nutzenbegriff hinzu. Dieser Maßstab ist ebenfalls theorieextern, d. h. er wird der Theorie von außen hinzugefügt und *universell* gesetzt: Die ‚dicke' Version des Rationalitätsbegriffs geht davon aus, dass alle Menschen *grosso modo* ähnliche Dinge schätzen. Dies sind klassischerweise Geld, Macht oder Triebbefriedigung, prinzipiell gibt es aber keinen Grund, bestimmte Annahmen über universelle Präferenzen von Menschen auszuschließen. Analytisch gesehen steht jedem frei, zu begründen, was Individuen schätzen und was sie versuchen zu maximieren. Die Gründe hierfür können besser oder schlechter sein, an der prinzipiellen

Legitimität eines jeden Maximierungszieles ändert dies nichts.

In der dicken Konzeption kann die Rationalität einer Handlung demnach nicht unabhängig von ihrem Inhalt betrachtet werden. Allerdings muss hier immer auch der Maßstab der Rationalität mit genannt werden. So wird bspw. in der Betriebswirtschaftslehre im Allgemeinen angenommen, dass Firmenchefinnen danach streben, den Unternehmensgewinn zu maximieren. Ebenso ist es aber auch möglich anzunehmen, dass Firmen das Wohlempfinden ihrer Angestellten bei der Arbeit maximieren wollen. Wenn auch beide Annahmen prinzipiell gleichermaßen *legitim* sind, so heißt dies natürlich nicht, dass auch beides gleich *sinnvoll* ist. Es ist sicherlich intuitiv ersichtlich, dass erstere Annahme eine größeres Erklärungsmoment bezüglich des Handelns von Firmenchefs hat als letztere (siehe auch den folgenden Abschnitt).

Einer der großen Vorzüge der ökonomischen Theorie im Allgemeinen und der dicken Version des Rationalitätsbegriffs im Speziellen ist, dass sie bezüglich ihrer Annahmen, im Gegensatz zu manch anderen Theorien und Theoriefamilien, *transparent* ist: Letztere legen auch immer bestimmte Annahmen zugrunde, tun dies aber implizit und versteckt oder wandeln sie sogar je nach argumentativem Bedarf ab. Bei ökonomischen Theorien hingegen werden – wenn es auch hier natürlich Ausnahmen gibt – die Annahmen explizit angesprochen und ggf. nachvollziehbar variiert.

Zusammenfassend: Bei beiden Konzeptionen von Rationalität, sowohl bei der dünnen als auch bei der dicken, wird also Nutzen maximiert. Aber: „To be a maximizer you have to have something to maximize" (Mueller 2003, S. 659). Die dünne Konzeption lässt (zunächst) offen, worin dieser Nutzen besteht, die dicke Version spezifiziert diesen. Das ‚Mehr' an Annahmen führt dann auch a priori zu einer gehaltvolleren Analyse. Dadurch wird es möglich, allgemeine Aussagen über das Verhalten von Individuen zu treffen und letztlich sogar dieses zu prognostizieren. Um an das vorangestellte Beispiel anzuknüpfen: In einer ‚dicken' Konzeption kann man unterstellen, dass Individuen danach trachten, ihren beruflichem Erfolg zu maximieren. Davon ausgehend ist es für die Studentin (trotz heißen Wetters) nicht rational, Schwimmen zu gehen, wenn sie eigentlich lernen müsste.

Doch diese größere analytische Stärke der ‚dicken' Version von Rationalität wird teuer ‚erkauft'. Sie stellt nämlich die Forscherin vor die Aufgabe, *für die Dauer der Analyse universelle Handlungsorientierungen* zu formulieren. Diese müssen allgemeine Gültigkeit haben und können nicht – zumindest nicht ad hoc – situationsspezifisch variiert werden, um andere, vielleicht widersprüchliche Phänomene zu erklären. Wie in Kap. 3 anhand des Paradoxes des Wählens noch genauer diskutiert wird, stellt aber gerade Verhalten, das nicht im Rahmen der zugrunde gelegten Annahme erklärt werden kann (sog. ‚Anomalien'), ein großes theoretisches Problem dar.

> **Infokasten 2.3: Bounded Rationality**
>
> Der Begriff und die Theorie der *bounded rationality* (begrenzte Rationalität) wurden von Herbert Simon (1982) geprägt und von ihm als Gegenentwurf zur überharten

> Rationalität des homo oeconomicus entwickelt. Er wendet sich damit gegen einen unrealistischen und hochgradig überfordernden Rationalitätsbegriff, der Individuen unterstellt, über alle Handlungsoptionen und -folgen vollständig informiert zu sein und innerhalb von Sekundenbruchteilen zu entscheiden. Simon betont hingegen die kognitiven Prozesse und Grenzen, die das rationale Verhalten beschränken: Hohe Informationskosten, Unsicherheit der Entscheidung etc. führen dazu, dass Individuen nicht, wie in der klassischen ökonomischen Theorie angenommen, ihren Nutzen maximieren *(optimizing)*, sondern nur ein genügendes Niveau anstreben *(saticficing)*.

2.3 Erklärungsmodell: Wie ‚erklärt' der ökonomische Ansatz?

Das Ziel wissenschaftlicher Erklärungen ist immer die zutreffende, richtige Beschreibung der sozialen Realität. Über die Frage, was genau in den Sozialwissenschaften hierunter zu verstehen ist, gibt es allerdings bis heute keinen allgemein akzeptierten Konsens. Zu diskutieren sind vor allem die sozialen *Wirkungszusammenhänge* der beobachteten Phänomene, wobei es meist nicht darum geht, ob es überhaupt solche Wirkungszusammenhänge gibt, sondern auch darum, ob man diese als

- kausale Wenn-dann-Zusammenhänge, oder als
- prozessual-instrumentelle Um-zu-Zusammenhänge

interpretieren kann bzw. soll (siehe hierzu Schubert 1995, S. 239).

Sozialwissenschaftliche Forschung, die sich ökonomischer Theorien bedient, sucht in der Regel nach *kausalen* Zusammenhängen. Entscheidende Startpunkte ihres Erklärungsmodells sind Gedankenexperimente, welche unter Zuhilfenahme von *Modellen* durchgeführt werden. Modelle versuchen durch Abstraktion, Vereinfachung und Stilisierung der Realität einen zu erklärenden Zusammenhang nachzubilden. Ein Modell muss einfach genug sein, um eine systematische Untersuchung zu erlauben, gleichzeitig aber auch dem zu untersuchenden Phänomen ähnlich genug sein, um aussagekräftige und substanzielle Erklärungen liefern zu können (vgl. Baumol 1972, S. 155; Schubert und Bandelow 2009). Ökonomische Modelle bewegen sich gerade in diesem Bereich zwischen (zu) starker Vereinfachung und (zu) starker Realitätsnähe.

Die meisten Fälle ökonomischer Modellbildung eines politischen Phänomens sind auf eine *komparativ-statische Analyse* angelegt. Hierzu gehören zum einen das bereits oben beschriebene Verhaltensmodell des homo oeconomicus, welches um weitere Annahmen ergänzt oder auch modifiziert werden kann. Zum anderen sind dies aber auch Annahmen über Restriktionen und ihre Wirkungsformen sowie einfache Wirkungszusammenhänge. Die Entscheidungssituation des oben erwähnten Studenten, der sich ein Auto kaufen möchte, lässt sich bspw. wie folgt modellieren: Der Student wird als 1) rationaler Entscheider definiert, der seine 2) Kaufentscheidung abwägend unter bestimmten 3) Restriktionen (zur Verfügung stehendem Budget, umweltethische Skrupel etc.) fällt.

Auf der Basis solcher Annahmen werden dann das jeweilige Verhalten von Individuen und die daraus folgenden Konsequenzen ermittelt (vgl. Lehner 1981, S. 16). Teile dieser Annahmen werden sodann abgewandelt und variiert und bspw. untersucht, wie unterschiedliche Restriktionen oder alternative Rahmenbedingungen das *ranking* der Präferenzen und weitergehend die daraus folgenden Handlungskonsequenzen beeinflussen. Um im Beispiel zu bleiben: Der Student wird sich bspw. in einer Welt ohne Restriktionen für einen Sportwagen entscheiden. Bei der – realitätsnäheren – Annahme eines beschränkten Budgets wird er – Umwelterwägungen ausgeblendet – einen gebrauchten Kleinwagen kaufen. Umgekehrt: Werden die umweltethischen Skrupel einbezogen, die Budgetgrenzen aber ausgeblendet, wird der Student sich für ein neues Solarauto entscheiden.

Durch Variation der unterschiedlichen Parameter lassen sich im Modell also die unterschiedlichen Folgen vorhersagen, mit anderen Worten, *Abweichungen* und *Änderungen* lassen sich auf den entsprechenden *Parameterwechsel* zurückführen, sodass sich deren Wirkung spezifizieren lässt. Dies mündet schließlich in der immer feineren Herausarbeitung der *Logik der Situation* (vgl. Lehner 1981, S. 16; siehe auch Abb. 2.3).

Dieses Herausarbeiten der Situationslogik kann auch als *Analyse* bezeichnet werden – Analyse hier seiner ursprünglichen griechischen Wortherkunft entsprechend verstanden als ‚Auflösung'. Analysieren heißt also, einen sozialen (Gesamt-)Zusammenhang in seine Einzelteile zu zerlegen und zu überlegen, was passiert, wenn man bestimmte Bestandteile durch andere ersetzt, deren Parameter verändert oder in neuer Weise kombiniert. Baumol (1972, S. 156) regt an, dass man sich ein Modell wie eine

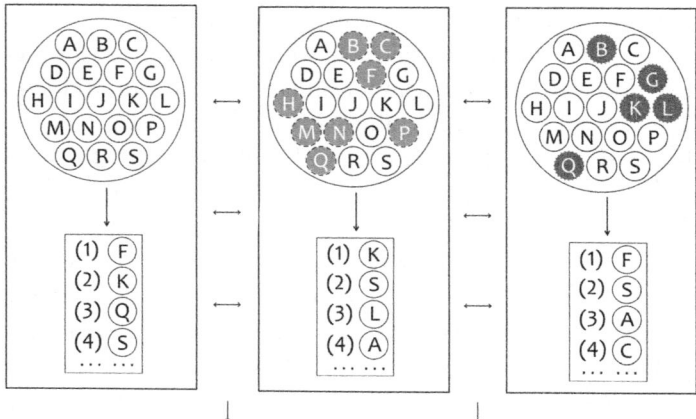

Abb. 2.3 Logik der Situation durch den komparativ-statischen Ansatz. (Quelle: Eigene Darstellung)

Maschine vorstellen kann, deren genaue Funktionsweise beobachtet werden kann. So lässt sich bspw. feststellen, „welches Getriebe in welches eingreift, um uns in die Lage zu versetzen zu experimentieren und festzustellen, wie der Druck auf einen der Knöpfe der Maschine ihr Funktionieren beeinflusst, und um die Größe des Effekts einer gegebenen Veränderung in der Einstellung eines ihrer Knöpfe zu berechnen". Allerdings: Eine unmittelbare Übertragung der so gewonnenen Erkenntnisse auf die Wirklichkeit ist nicht zulässig. Stellt man bspw. durch eine Modellanalyse fest, dass unter bestimmten Voraussetzungen in einem Zweiparteiensystem die Parteien in die ‚politische Mitte' streben (siehe hierzu ausführlich Kap. 3), so heißt dies nicht, dass dies auch in jedem Einzelfall in der Realität so sein muss. Andererseits lassen sich im Modell die *apriorischen* Voraussetzungen hierfür isolieren, was ein erheblicher Erkenntnisfortschritt ist. Im genannten Fall der Konvergenz zweier Parteien zur politischen Mitte ist dies bspw. die Voraussetzung, dass sich die meisten Wähler in der politischen Mitte verorten (die Wählerverteilung hier also ihr einziges Maximum hat).

Analysieren heißt also Aufgliedern, Zerlegen, und analytische Modelle dienen – auf sehr unterschiedlichen Abstraktionsstufen – zu wissenschaftlichen Gedankenexperimenten. Mit Hilfe von Modellen, welche die für wesentlich gehaltenen Aspekte eines sozialen Sachverhalts beinhalten, lassen sich empirisch überprüfbare *Hypothesen* über zukünftige Ereignisse aufstellen. Es obliegt dann der empirischen Überprüfung, die Vorhersagen des Modells und damit ihre Prognosefähigkeit zu bestätigen oder zurückzuweisen. Da Modelle, wie nun schon mehrfach betont, aber immer Vereinfachungen sind, bietet es sich an, eher von *Vereinbarkeit* der Modellprognosen mit der Realität als von *Übereinstimmung* zu sprechen (vgl. Kromphardt 1982, S. 911).

Stellt sich heraus, dass die Prognosen im Einzelfall nicht mit der Wirklichkeit vereinbar sind, heißt das nicht, dass kein Erkenntnisfortschritt erzielt wurde: Die Aufmerksamkeit des Forschers wird dann entweder auf zusätzliche Faktoren gelenkt, die für diesen Einzelfall maßgeblich sind oder aber Lücken und Unzulänglichkeiten des Modells werden identifiziert. Dadurch wird der Forschungsprozess erneut angeregt und möglicherweise Verbesserungen induziert. So kann man bspw. feststellen, dass in

Großbritannien die beiden relevanten Parteien *nicht* oder zumindest nur eingeschränkt zur (politischen) Mitte hin streben. Ein Grund hierfür mag sein, dass dort die Wählerverteilung nicht in der politischen Mitte am stärksten ist, sondern jeweils links und rechts von ihr entsprechend der Klassenzugehörigkeit (was dann seinerseits zu überprüfen ist). Dies ist ein Beispiel für die *heuristische* Funktion ökonomischer Modelle. „Über die Methode wird eine neue Sichtweise eingeführt, die soziale Phänomene häufig in einem ganz anderen Licht erscheinen lassen" (Braun 1999, S. 48 f.).

Die Gratwanderung zwischen Realitätsnähe und Abstraktion ökonomischer Modelle ist Anlass für ständige Diskussionen innerhalb und außerhalb der ökonomischen Theorie. Thematisiert wird regelmäßig die Aussagekraft und der Nutzen realitätsferner Modelle: Was können Modelle, die explizit und z. T. gravierend von der Realität abstrahieren (und sich insofern von der gegebenen Wirklichkeit entfernen) überhaupt noch über diese aussagen?

Zunächst ist zu entgegnen, dass der Sinn von Modellen nicht darin besteht, eine möglichst exakte und bis ins Detail gehende Nachbildung der Realität zu konstruieren. Im Buch „Momo" von Michael Ende wird die Geschichte eines Versuchs erzählt, der darin bestand, eine so detailgetreue Nachbildung der Erde herzustellen, dass für eben diese Nachbildung nahezu die gesamte Materie der Erde aufgebraucht wurde (und das Amphitheater, in dem Momo lebt, bildete den Sockel). Dieses fiktionale Beispiel macht, weil es den Gedanken eines maximalrealistischen Modells radikal bis zum Ende denkt, auf bildhafte Weise deutlich, dass Modelle auch *zu* realitätsnah sein können: Je nach analytischem Zweck können verschiedene Grade an Detailtreue wünschenswert sein. Die Grenze des wünschbaren Grades an Kompliziertheit bildet einzig die rein praktische Erwägung nach der Fähigkeit, diese Kompliziertheit kognitiv erfassen zu können (vgl. Baumol 1972, S. 155).

Ein empirisch bestätigtes Modell hingegen kann dann so lange Gültigkeit für sich beanspruchen, bis ein anderes Modell entwickelt wird, welches mehr Phänomene der Realität oder das gleiche Phänomen besser erklären kann. Nach einem ebenso berühmten wie berüchtigten Argument von Milton Friedman (1953) solle man sogar eine Theorie niemals an der Realitätsnähe ihrer Annahmen messen, sondern nur an ihrer Prognosefähigkeit. Solange es einer Theorie nur gelingt, empirisch als mit der Realität vereinbar überprüfte Hypothesen zu liefern, ist die Falschheit ihrer Annahmen irrelevant.[6] Man solle einfach so tun, *als ob* die Annahmen richtig seien. Ein solches Vorgehen nach dem Motto ‚Hauptsache, die Theorie funktioniert' ist aber sehr umstritten, wird hierbei doch der Wahrheitsstatus der Theorie selbst völlig außer Acht gelassen. Nimmt man, wie Friedman, die Möglichkeit in Kauf, dass die Annahmen selbst falsch sind, so lässt sich

---

[6]Friedman (vgl. 1953, S. 19 f.) verdeutlicht dies an einem konstruierten Beispiel aus der Biologie: Ausgehend von der Annahme, dass die Blätter eines Baumes aktiv versuchen, den größtmöglichen Anteil an Sonnenlicht zu ergattern, lässt sich die Hypothese ableiten, dass der Blattbestand eines Baumes an der südlichen Baumseite dichter ist als an der nördlichen Seite. Dies ist in der Tat empirisch belegbar, auch wenn natürlich die Annahme, die zu dieser Hypothese geführt hat, eindeutig falsch ist, können Blätter doch nicht bewusst handeln oder gar ihren Standort ändern.

nicht überzeugend argumentieren, dass die Richtigkeit der so aufgestellten Hypothesen nicht zufällig ist.

Die grundlegenden Konzepte und Annahmen der ökonomischen Methode sind hiermit kurz beschrieben. Im Laufe der einzelnen Kapitel wird nun immer wieder hierauf Bezug genommen, um die notwendige abstrakte Darstellung weiter zu verdeutlichen.

3

Anthony Downs: Ökonomische Theorie der Demokratie

Die „Ökonomische Theorie der Demokratie", Anthony Downs Dissertationsschrift aus dem Jahre 1957 (deutsche Übersetzung 1968), gehört zu den wichtigsten Beiträgen der Politikwissenschaft im Allgemeinen und der *public-choice*-Forschung im Speziellen. Sein Einfluss lässt sich auch an seiner kontroversen Rezeption belegen: Für die einen wegweisendes und eine eigene Forschungsrichtung begründendes Werk, für die anderen ein demokratietheoretisch unhaltbarer und realitätsferner Irrweg der wissenschaftlichen Durchdringung des demokratischen Wettbewerbs. Unabhängig davon, wie man zu Downs Herangehensweise und Erkenntnissen steht, sein bahnbrechender Einfluss ist unbestritten: Sein Buch ist eines der am häufigsten zitierten Werke in der Politikwissenschaft.

Als Ausgangspunkt seiner demokratietheoretischen *tour de force* nimmt Downs die auch von Joseph Schumpeter formulierte, provokative Idee auf, dass man strikt zwischen der *privaten Motivation* einer Handlung und ihren *sozialen Funktionen* unterscheiden müsse. Diese Ausgangsthese bedeutet, dass man die individuellen Gründe, die eine Person zu ihrem Handeln motivieren, nicht gleichsetzen darf und soll mit den daraus entstehenden gesellschaftlichen Folgen. Der Anbau von Getreide durch einen Landwirt oder das Backen von Brot von einer Bäckerin erfüllen eine *gesellschaftliche Funktion,* nämlich die, zur Ernährung der Gesellschaft beizutragen. Allerdings baut weder der Landwirt Getreide an, noch backt die Bäckerin hieraus Brot, *um* die Gesellschaft zu ernähren, vielmehr ist für beide der eigentliche Antrieb die höchst *private Motivation,* den eigenen Lebensunterhalt zu gewährleisten.

Diese Unterscheidung ist aus ökonomischer Sicht selbstverständlich und völlig einsichtig. Sie postuliert, dass man sich auf das Prinzip der ‚privaten Motivation' verlassen kann, wenn es darum geht, gesellschaftliche Funktionen zu erfüllen (wie z. B. die marktwirtschaftliche Güterproduktion). Der politischen Theorie und der Demokratietheorie war bis zu Schumpeter und Downs diese Idee, zumindest in solch einer expliziten Ausformulierung, weitgehend fremd. Gängig war – wie das auch heute noch in vielen Fällen weiterhin angenommen wird – die Vorstellung, dass die politischen Akteure sich an einem – wie auch immer definierten – Allgemeinwohl orientieren und ihre Tätigkeiten an diesem Maßstab ausrichten. Schumpeter und in seiner Nachfolge Downs wenden sich explizit gegen die *normative* Auflading dieser Ansicht und setzen dem eine *positive* Theorie der Demokratie entgegen. ‚Positiv' heißt hier, dass nicht beschrieben wird, wie eine

Demokratie funktionieren *soll*, sondern ein Modell dafür geliefert wird, wie sie wirklich *ist*, wie sie tatsächlich, faktisch funktioniert.

Die analytische Trennung zwischen privater Motivation und sozialer Funktion sowie der Verzicht auf normative Aussagen lässt die Demokratie in der Downs'schen Perspektive in völlig neuem Licht erscheinen. Aus dieser Sicht ist sie schlicht eine *Methode der Regierungsauswahl* bzw. *des Regierens*. Wählerinnen und Parteien[1] treffen auf einem *politischen Markt* aufeinander, wobei letztere um die Stimmen ersterer konkurrieren. Dieser politische Markt folgt der gleichen Funktionslogik wie jeder andere ökonomische Marktmechanismus auch: Rationale und Eigennutz maximierende Unternehmerinnen (hier: Parteien) entwickeln Produkte (hier: politische Programme und Lösungsvorschläge), um mit diesen einen möglichst hohen Gewinn (hier: Wählerstimmen oder öffentliche Ämter) zu erzielen. Die ebenso rationalen und Eigennutz maximierenden Konsumenten (hier: Wähler) wägen zwischen den verschiedenen angebotenen Produkten (hier: Wahlprogramme) ab und entscheiden sich für das beste Angebot (hier: Wahl der bevorzugten Partei).

Damit sind bereits die beiden entscheidenden Prämissen, die der ökonomischen Theorie der Demokratie

---

[1]Downs geht in seiner Theorie von der Annahme aus, Parteien seien in sich geschlossene, homogene Gebilde. Parteiinterne Auseinandersetzungen und Richtungsstreitigkeiten werden komplett ausgeblendet. Dies ist empirisch eindeutig falsch, vereinfacht aber die Analyse. Es ist daher unwesentlich, ob hier von ‚Parteien' oder ‚Kandidatinnen' (oder ähnlichem) gesprochen wird, da die Begriffe in diesem Kontext zusammenfallen.

zugrunde liegen und auf denen Downs sein gesamtes Modell aufbaut, genannt:

1. Einziges Ziel von Parteien ist der Wahlsieg. Sie streben diesen an, um die materiellen und immateriellen Vorteile, die mit einer Ämterübernahme verbunden sind (Prestige, Macht, Einkommen, etc.), nutzen und genießen zu können. Sie formulieren also politische Programme, um Wahlen zu gewinnen. Die Umkehrung – Parteien wollen Wahlen gewinnen, um ihre Programme umzusetzen – gilt allerdings *nicht* (Downs 1968, S. 27 f.).
2. Wählerinnen vergleichen die zur Wahl antretenden Parteien und geben ihre Stimme so ab, dass ihnen aus den Tätigkeiten der gewählten Regierung ein möglichst großer eigener Nutzen entsteht.

Downs verwendet dementsprechend für seine Modellentwicklung ein sog. ‚dickes' Rationalitätskonzept (siehe Kap. 2): Für die Parteien füllt er den Nutzenbegriff (als leitende Handlungsorientierung) mit der Stimmenmaximierung bzw. dem Wahlgewinn, der Nutzen der Wähler ist ein möglichst hoher eigener Ertrag aus den politischen Maßnahmen der Regierung. Getreu des in Kap. 2 vorgestellten wirtschaftswissenschaftlichen Modellbegriffs untersucht er deduktiv und analytisch-zerlegend die Auswirkungen der Grundprämissen für den demokratischen Wettbewerb. Hier steht auch und vor allem das Zusammenspiel der Prämissen mit unterschiedlichen Kontextannahmen (Informationslage, Parteiensystem, Wahlrecht, etc.) im Vordergrund. Er untersucht – immer auf Grundlage der oben beschriebenen Rationalitätsannahme – demnach also, welche Auswirkungen bspw. verschiedene Wahlsysteme (Mehrheitswahlrecht, Verhältniswahlrecht etc.) oder der Grad an Informiertheit der Wähler auf die Logik der Wahlentscheidung bzw. die Dynamik des Verhaltens der Parteien haben.

Im Folgenden werden nun die modellimmanenten Implikationen und Auswirkungen der beiden eben genannten Prämissen dargestellt, damit das Downs'sche Demokratieverständnis deutlich wird. Zunächst wird in Abschn. 3.1 der Blickwinkel der Wählerinnen als ‚Nachfragerinnen' eingenommen und diskutiert, wie und auf welcher Grundlage ihre Wahlentscheidung getroffen wird. Abschn. 3.2 beschäftigt sich mit der ‚Angebotsseite', also dem Verhalten der Parteien unter Berücksichtigung verschiedener Kontextannahmen.

Aus der konsequenten Anwendung des ökonomischen Rationalitätsbegriffs auf demokratische Wahlentscheidungen ergeben sich zwei zunächst paradox klingende, ‚unbequeme Nebenfolgen' für die Downs'sche Theorie: die *rationale Ignoranz* und die *rationale Abstinenz:* In einer Welt der Informations- und Opportunitätskosten dürfte es für Wähler wenig rational sein, sich genau über die politischen Inhalte aller zur Wahl stehenden Parteien zu informieren (rationale Ignoranz). Da die Kosten (fast) immer den Nutzen übersteigen, ist es auch wenig rational, überhaupt zur Wahl zu gehen (rationale Abstinenz). Auf die rationale Ignoranz und die Rolle von *Ideologien* als „Informationsheuristiken" (vgl. Kaiser 2007a, S. 625) wird in Abschn. 3.1 besonders eingegangen. Der Aspekt der rationalen Abstinenz verweist auf eine schwerwiegende empirische Anomalie (d. h. gravierende Abweichung der beobachteten Realität von den Modellvoraussagen). Diese wird sogar häufig für eine generelle Kritik am *public-choice*-Ansatz genutzt (siehe auch Kap. 8). Aufgrund dieser Bedeutung ist es lohnenswert, das ‚Paradox des Wählens' in Abschn. 3.3 gesondert zu beleuchten.

3.1 Rationale Wähler: Die Bildung des Parteiendifferenzials

Grundannahme ist also, dass eine rationale Wählerin immer derjenigen Partei seine Stimme gibt, von der sie sich den größten Nutzen verspricht, sollte die Partei die Regierung stellen:

> Alle Bürger empfangen ständig eine Flut von Vorteilen aus der staatlichen Tätigkeit. Die Polizei wacht in ihren Straßen, Wasser wird gereinigt, Straßen werden instand gehalten, Küsten verteidigt, Abfall wird entfernt, es gibt Wettervorhersagen usw. Diese Vorteile gleichen genau den Vorteilen, die ihnen aus privater, wirtschaftlicher Tätigkeit zufließen, und nur weil man ihre Herkunft kennt, weiß man, dass sie dem Staat zu verdanken sind (Downs 1968, S. 35).

Zentrales begriffliches Instrument bei der Wahlentscheidung ist für die Wählerin das sog. *erwartete Parteiendifferenzial*. Dieses Parteiendifferenzial ergibt sich daraus, dass der rationale Wähler zunächst antizipiert, was er von den unterschiedlichen Parteien zu erwarten hat, wenn sie an der Macht wären. Die alternativen Ergebnisse vergleicht er und schätzt auf dieser Basis ein, wie hoch der persönliche Nutzen ist, den er jeweils erwarten kann. Im Falle eines Zweiparteiensystems und einer über die Absichten und Wahlversprechen der Parteien perfekt informierten Wählerin ist dies auf den ersten Blick geradezu simpel: Es handelt sich um die Differenz des erwarteten Nutzens aus einer weiteren Amtsperiode der Regierungspartei und des erwarteten Nutzens einer Legislaturperiode, in der die Oppositionspartei an die Macht gelangt. Wenn der Wert positiv ist, entscheidet sich der Wähler für die Regierungspartei; ist der Wert negativ, wählt er die Oppositionspartei. Auf den Punkt gebracht: Geht die Wählerin davon aus, dass das Weiterregieren der Regierungspartei in der kommenden Wahlperiode vorteilhafter für ihn ist, stimmt sie für sie – nimmt sie an, ein Regierungswechsel würde ihm mehr Vorteile bescheren, entscheidet sie sich für die Oppositionspartei.

Doch so einfach, wie es zunächst erscheint, ist dieses Kalkül nicht. Das erwartete Parteiendifferenzial ergibt sich aus den jeweiligen *erwarteten Nutzeneinkommen,* welche dem Wähler durch die beiden Parteien entstehen. Dieses muss seinerseits zunächst einmal berechnet werden. Wie aber kann sich die Wählerin auf rationaler Basis diese Nutzeneinkommen herleiten? Das Problem ergibt sich insbesondere daraus, dass der rationale Wähler *künftige* Leistungen miteinander vergleichen muss, über die er aus prinzipiellen kognitiven Gründen kein gesichertes Wissen haben kann. Downs folgt daher bei der Konstruktion des erwarteten Parteiendifferenzials dem Grundsatz, dass ein Kalkül umso belastbarer und sicherer ist, je tatsachenbasierter es ist.

Da es offensichtlich schwierig ist, das *erwartete Parteiendifferenzial* zu berechnen, wird es nach Downs in drei Hauptbestandteile zerlegt. Wichtigstes Element ist dabei das *gegenwärtige* Parteiendifferenzial. Um dieses zu bilden, zieht die Wählerin zunächst gesichertes Wissen heran: Sie fragt danach, welches Nutzeneinkommen sie tatsächlich aus der *vergangenen Legislaturperiode* durch die Regierungspartei erhalten hat. Dann schätzt sie ab, welches Nutzeneinkommen sie erhalten hätte, wenn die Oppositionspartei im gleichen Zeitraum regiert hätte (hypothetische Schätzung). Die Differenz aus diesen beiden Werten bildet dann das gegenwärtige Parteiendifferenzial. Zwar wird auch hier nicht gesichertes, weil nicht tatsächlich erfahrbares Wissen mit einbezogen, allerdings enthält diese Berechnung *so viele konkrete Tatsachen wie möglich*. Anstatt (wie oben erwähnt) unmittelbar zwei zukünftige hypothetische Nutzeneinkommen miteinander zu vergleichen, werden zunächst ein *tatsächliches gegenwärtiges* und ein *hypothetisches gegenwärtiges* Nutzeneinkommen miteinander verglichen (vgl. Downs 1968, S. 39). Auf der Basis eines realen Wertes (das tatsächlich erhaltene Nutzeneinkommen der Regierungspartei) ist die Kalkulation des hypothetischen Nutzeneinkommens (wenn die Oppositionspartei an der Regierung gewesen wäre) deutlich besser und realistischer einzuschätzen.

Zweiter Hauptbestandteil: Das gegenwärtige Parteiendifferenzial wird durch den sog. Trendfaktor modifiziert, um zum erwarteten Parteiendifferenzial zu gelangen. Mit anderen Worten wird dem gegenwärtigen Parteiendifferenzial, das ja auf Werten aus der Vergangenheit basiert, ein auf die Zukunft gerichteter Aspekt hinzugefügt. So kann es bspw. sein, dass sich die Regierungspartei nach einigen Fehlern zu Beginn im Laufe der endenden Wahlperiode stetig verbessert hat. Nun leistet sie nach Ansicht des Wählers durchaus gute Arbeit. Wenn er jetzt annehmen kann, dass dies anhält, wird er die anfänglichen Probleme weniger stark in das gegenwärtige Parteiendifferenzial einfließen lassen. Im umgekehrten Fall, d. h. wenn sich zum Ende der Legislaturperiode die Arbeit der Regierungspartei verschlechtert, wird die rationale Wählerin die zu Beginn für ihn vorteilhaften Politiken weniger stark in dem erwarteten Parteiendifferenzial berücksichtigen.

Der dritte Bestandteil des erwarteten Parteiendifferenzials ist die sog. *Leistungsbewertung.* Nach Downs greift die Wählerin hierauf nur dann zurück, wenn sein gegenwärtiges Parteiendifferenzial gleich Null ist, sie also keinen Unterschied zwischen Regierungs- und Oppositionspartei sieht. Bei der Leistungsbewertung wird das bisherige Nutzeneinkommen aus der Regierungstätigkeit mit einem Nutzeneinkommen verglichen, welches möglich gewesen wäre, wenn eine *ideale Partei* an der Macht gewesen wäre. Da die Wählerin sich also zunächst nicht zwischen Regierungspartei und Oppositionspartei entscheiden kann (das gegenwärtige Parteiendifferenzial ist ja Null), sucht sie für ihre Entscheidung eine andere Grundlage. Sie stellt sich für sie nun die Frage, ob eine politische Veränderung prinzipiell eher vorteilhaft oder eher nachteilig ist. Wenn sie jetzt, auf Grundlage ihres persönlich gebildeten politischen Maßstabs, zu dem Ergebnis kommt, dass die Arbeit der amtierenden Regierung eher gut für sie war, so wird sie wieder für sie stimmen. Kommt sie zu dem Ergebnis, dass sie eher schlecht war, stimmt sie für die Oppositionspartei.

Erst wenn das gegenwärtige Parteiendifferenzial gleich Null ist *und* die Leistungsbewertung indifferent ausfällt, enthält sie sich seiner Stimme.[2]

Bei der eben dargestellten Bildung des erwarteten Parteiendifferenzials mit seinen drei Bestandteilen handelt es sich letztlich um eine Explikation der Grundprämisse, dass Wähler durch ihre Wahlentscheidung ihren persönlichen Nutzen maximieren wollen. Allerdings verkompliziert sich diese ohnehin schon anspruchsvolle Berechnung, wenn einerseits Ungewissheit und verstärkter Informationsmangel in das Modell eingeführt wird, andererseits nicht mehr nur von einem Zweiparteiensystem ausgegangen wird. Da nicht zwangsläufig eine Partei die Mehrheit der Stimmen erlangt, ist die Mehrheitsbildung in einem Mehrparteiensystem (bspw. durch Koalitionsbildungsprozesse) deutlich schlechter zu prognostizieren.

Ein weiterer wichtiger Faktor ist zu beachten: Bislang wurde davon ausgegangen, dass den Wählerinnen keine Kosten entstehen, wenn sie sich über die politischen Inhalte und Ziele der konkurrierenden Parteien informieren, diese also in unbegrenzter Menge kostenlos zur Verfügung stehen. Dies ist aber unrealistisch, da das Sammeln, Ordnen und Verarbeiten von Informationen mit *Zeitkosten* und *Opportunitätskosten* verbunden ist. Bei der

---

[2]Einschränkend ist zu erwähnen, dass der Wähler nach Downs die Leistungsbewertung bei einem Parteiendifferential von Null nicht in jedem Fall mit einbezieht: Sein gegenwärtiges Parteiendifferential kann nicht nur gleich Null sein, wenn die beiden antretenden Parteien eine identische Politik vertreten, sondern auch dann, wenn sie zwar verschiedene Politikkonzepte propagieren, diese Konzepte aber für den Wähler ein gleiches Nutzeneinkommen erzeugen. In diesem Fall ist aber eine Leistungsbewertung wenig sinnvoll (vgl. Downs 1968, S. 43).

Informationssuche fallen beim Wähler also Kosten an, die möglicherweise auch den Nutzenzuwachs durch das Mehr an Informationen übersteigen können (siehe hierzu auch Hindmoor und Taylor 2015, S. 197 ff.). Als Ertrag einer Information lässt sich der Nutzenzuwachs interpretieren, der aus einer Entscheidungsänderung resultiert (vgl. Lehner 1981, S. 27). Erst wenn dieser Ertrag höher ist als die Informationskosten, ist es also rational, sich (weitergehend) politisch zu informieren. Da die Stimme des Einzelnen in großen Massendemokratien von verschwindend geringem Einfluss ist, stellt es sich folglich selten als rational dar, sich auf ‚politische Informationssuche' zu begeben.[3]

Zwei Überlegungen schränken aber diese pessimistische These der „rationalen Ignoranz" ein. Zunächst einmal sind durch moderne Informationstechniken und Massenmedien die Informationskosten stark gesunken. Fernsehnachrichten, Tageszeitungen und Internetdienste liefern dem Wähler nahezu kostenfrei und vereinfachend aufbereitet viele wichtige Informationen. Praktisch nebenbei und auch ohne aktive Informationssuche erhält der Wähler also eine Vielzahl wichtiger Informationen. Überspitzt könnte man sagen, dass aufgrund ihrer Ubiquität gar nicht vermieden werden kann, entsprechenden Informationen ausgesetzt zu sein.

---

[3]Hinzu kommt, dass der Ertrag einer Information sowohl klein ist, wenn das Parteiendifferential klein ist (da der Nutzenzuwachs der resultierenden Entscheidungsänderung gering ist), als auch, wenn das Parteiendifferential groß ist (da die Wahrscheinlichkeit einer Entscheidungsänderung klein ist). Siehe hierzu Lehner (1981, S. 29 f.).

Für das Konzept der rationalen Wählerin ist allerdings wichtiger, dass die Parteien zur besseren Orientierung der Wählerinnen längerfristig gültige Programme und vor allem *Ideologien* anbieten. Unter Rückgriff auf die ideologische Verortung ist es den Wählern möglich, ohne große Kosten Parteien miteinander zu vergleichen. Mit Hilfe von Ideologien können viele politische Lösungsvorschläge und Vorhaben auf wenige Schlagworte reduziert werden. Aus dieser Sicht machen Ideologien nicht nur intrinsischen, weltanschaulich-philosophischen Sinn, sondern werden auch von den Parteien instrumentell zur Informationskomprimierung und Komplexitätsreduzierung eingesetzt. Damit das auch funktioniert, ist allerdings eine gewisse Kontinuität und Beständigkeit bei der ideologischen Ausrichtung der Parteien nötig, denn nur dann erfüllen Programme und Ideologien ihren Zweck, der Wählerin kostengünstige Informationen bereit zu stellen.[4]

Ungewissheit und Informationskosten verändern also deutlich die rationale Wahlentscheidung. Dies wird verstärkt, wenn anstelle eines Zweiparteiensystems ein Mehrparteiensystem in das Modell einbezogen wird: Hier muss der Wähler nicht nur die Siegeschancen der präferierten Partei in sein Kalkül mit einbeziehen, sondern auch die Unwägbarkeiten der Koalitionsbildung. Die Anforderungen an den rationalen Wähler, für seine Wahlentscheidung die richtigen Einschätzungen zu leisten, steigen also

---

[4]Hindmoor und Taylor (2015, S. 205 f.) besprechen weitere kognitive ‚Abkürzungen' für Wähler im Licht einer „low information rationality", wie z. B. die Orientierung an öffentlichen Meinungsführerinnen, Freunden oder gar Prominenten.

enorm. Erstens muss er kalkulieren, wie wahrscheinlich es ist, dass die von ihm präferierte Partei an einer Mehrheitskoalition beteiligt ist. Zweitens muss er einschätzen, inwiefern seine Partei dann in der Lage sein wird, innerhalb der Koalition die eigenen Ziele durchzusetzen (vgl. Kaiser 2007a, S. 629). Unter diesen komplexen Voraussetzungen steigen nicht nur die Anforderungen an den Wähler enorm an. Sie erzeugen zudem eine Tendenz zur kognitiven Überforderung, die auch durch die eben erwähnten Strategien der Informationsreduzierung durch Ideologien nicht immer ausgeglichen werden kann. Rationales Wählen wird in einem von Ungewissheit geprägten Modell zu einer kaum lösbaren Aufgabe.

Downs selbst formuliert drei mögliche Reaktionsweisen der rationalen Wählerin: „Einige Wähler enthalten sich in völliger Ratlosigkeit der Stimme, andere wagen den Sprung und gehen trotz der Ungewissheit zur Wahl und wieder andere wechseln ihren Standpunkt und behandeln die Wahl als Präferenzbekundung." Für diese drei Reaktionsweisen mag es jeweils gute Gründe geben, eine verunsichernde Schlussfolgerung zieht er aber selbst: „Ohne Zweifel wird aus diesem Prozess eine Regierung hervorgehen, ob sie aber durch rationale Auslese entstanden ist, lässt sich a priori nicht sagen" (beide Zitate Downs 1968, S. 150). Der im Konzept des rationalen Wählers angelegte, inhärente Konflikt zwischen rationalem Kalkül und ebenso rationaler, informationeller und elektoraler Passivität wird also auch von Downs selbst nicht aufgelöst.

3.2 Rationale Parteien: Der demokratische Wettbewerb

Im Modell von Downs handeln nicht nur die Wählerinnen gemäß der Rationalitätsannahme. Auch die Parteien streben nach Nutzenmaximierung. In ihrem Fall geht es um die Maximierung ihres Stimmenanteils. Wie nun lässt sich rationales Verhalten von Parteien analytisch fassen und explizieren?

Nach Downs gibt es eine entscheidende Kontextbedingung, an der die Parteien ihr Handeln ausrichten: die *Verteilung der Wählerpräferenzen*. Hierzu stelle man sich ein Modell vor, in welchem die Präferenzen der Wähler auf einem ideologischen Links-Rechts-Kontinuum dargestellt sind. Jeder Punkt der horizontalen Achse repräsentiert einen möglichen ideologischen Standpunkt, der jeweils von den Parteien eingenommen werden kann. Die über diesem Links-Rechts-Kontinuum liegende Kurve gibt die Häufigkeitsverteilung der Wählerinnen an: Je mehr Wähler sich an einem dieser Ideologie-Punkte verorten, desto höher ist sie. Wählerinnen entscheiden sich nun, in Übereinstimmung mit den Überlegungen aus dem vorherigen Kapitel, für diejenige Partei, welcher sie ideologisch am nächsten sind. Anders ausgedrückt: Die Wähler minimieren bei ihrer Wahlentscheidung ihre ideologische *Distanz* zu einer Partei.

Abb. 3.1 zeigt z. B. eine eingipflige (unimodale) Wählerverteilung. Die meisten Wähler befinden sich demnach in der Mitte des politischen Spektrums (Punkt M), wobei mit steigender Entfernung von der Mitte die

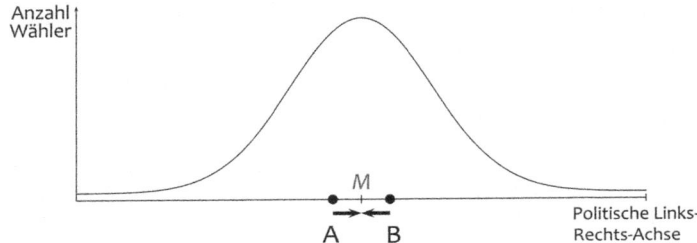

Abb. 3.1 Unimodale Wählerverteilung. (Quelle: Eigene Darstellung)

Wählerhäufigkeiten (symmetrisch) abnehmen. Da die Wählerverteilung sowohl symmetrisch als auch unimodal ist, befinden sich bei dem Punkt M nicht nur die meisten Wähler, sondern auch der *Median* der Verteilung. Der Medianwähler (so wird der Wähler genannt, der sich genau auf dem Median verortet) befindet sich exakt dort, wo die Wählerschaft in zwei gleich große Teile geteilt werden kann: Es befinden sich also gleich viele Wähler links vom Medianwähler wie rechts von ihm. Statistisch ausgedrückt lässt sich also sagen, dass in Abb. 3.1 Modalwert, d. h. das Maximum der Verteilung, und Median zusammenfallen. Diese Unterscheidung ist wichtig, um die nachfolgenden Argumente der Logik des Parteienverhaltens nachvollziehen zu können. Je weiter man sich von M aus politisch nach links bzw. nach rechts bewegt, desto weniger Wähler gibt es, die sich dort verorten. Eine solche idealtypische Wählerverteilung entspricht am ehesten derjenigen einer entwickelten, sozial befriedeten Industriegesellschaft; man spricht auch von einer „nivellierten Mittelstandsgesellschaft" (Schelsky 1953).

Ausgehend von gegebenen und fixen (d. h. feststehenden) Wählerpräferenzen wird nun das Verhalten der Parteien A und B im Wesentlichen durch die Wählerverteilung bestimmt. Geht man von einer *vollständigen Wahlbeteiligung* aus, so werden die beiden Parteien in Richtung M konvergieren: Da sich definitionsgemäß bei M jeweils die Hälfte der Wähler links bzw. rechts hiervon befindet, haben bspw. alle Wähler, die sich links von A befinden, ‚keine andere Wahl' als für A zu stimmen, da A zwangsläufig die für sie nächstgelegene Partei ist. Aus diesem Grunde kann A aber auch ungehindert weiter nach rechts Richtung M wandern, um neue Wähler hinzuzugewinnen. Sie riskiert dabei nicht den Verlust der links von ihr befindlichen Wähler. Für Partei B gilt diese Logik entsprechend umgekehrt (vgl. Mueller 2003, S. 232). Der hier genannte Zusammenhang ist als sog. *Medianwählertheorem* bekannt geworden: Um die Wahl zu gewinnen, bewegen sich rationale Parteien auf die Position des Medianwählers zu.

Allerdings ist es durchaus auch vernünftig, ja sogar weitaus realistischer, anzunehmen, dass mit steigender Distanz zwischen Partei und Wähler deren Neigung abnimmt, diese zu wählen. Ist ein bestimmter Distanz-Schwellenwert überschritten, reagiert der Wähler möglicherweise mit Stimmenthaltung. Verlässt man also die Annahme vollständiger Wahlbeteiligung, so lässt sich im Fall von Abb. 3.1 z. B. argumentieren, dass sehr weit links bzw. sehr weit rechts stehende Wähler nicht mehr A bzw. B wählen, wenn diese sich weiter in Richtung M bewegen. Dennoch wäre in diesem Fall eine Konvergenz beider Parteien in Richtung M rational: Da sich bei M nicht nur der Medianwähler, sondern auch der (einzige) Gipfelpunkt der (symmetrischen) Wählerverteilung befindet, können in der Mitte mehr Wähler gewonnen werden, als am Rand verloren gehen.

Zur weiteren Verdeutlichung der dahinterstehenden Logik sei nun die Situation betrachtet, in der die Wählerpräferenzen nicht unimodal, sondern bimodal verteilt sind, wie in Abb. 3.2 dargestellt. Eine solche Verteilung findet sich bspw. in stark polarisierten Klassengesellschaften.

Bei der wiederum angenommenen vollständigen Wahlbeteiligung in einem Zwei-Parteiensystem entscheidet sich der Wähler ebenfalls für diejenige Partei, zu der er die geringste Distanz hat. Auch hier würden sich die beiden Parteien in Richtung M bewegen: Sie haben den Verlust der links (A) bzw. der rechts (B) von ihnen stehenden Wähler nicht zu befürchten.

Anders gestaltet sich die Situation, wenn wieder die Möglichkeit des Stimmenverlustes einberechnet wird. In diesem Fall werden die Parteien rationalerweise an den beiden Gipfelpunkten verweilen, da sich hier die meisten Wähler befinden. Jede Bewegung in Richtung M kann

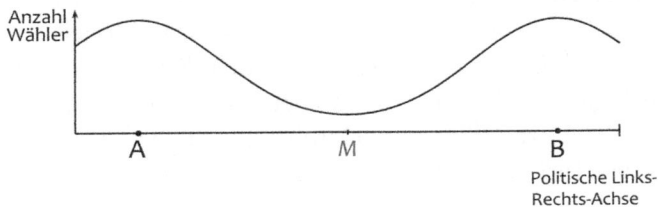

Abb. 3.2 Bimodale Wählerverteilung. (Quelle: Eigene Darstellung)

dazu führen, dass weniger gewonnen als verloren wird, also letztlich zu einem Saldo-Verlust von Wählern führt. Zudem muss immer auch die prinzipielle Gefahr einer Parteineugründung mit einberechnet werden: Je weiter sich eine etablierte Partei von ihrem lokalen Maximum entfernt, desto höher ist der Anreiz für neue Parteien, in den frei gewordenen Bereich einzudringen und dort der etablierten Partei Wähler abspenstig zu machen.

Zusammenfassend lässt sich also sagen: Unter der unrealistischen Annahme einer vollständigen Wahlbeteiligung streben die Parteien in Richtung Medianwähler. Wird die Möglichkeit der Wahlenthaltung mit einbezogen, werden sie sich an den lokalen Maxima verorten.

Dieses Modell von Downs ist wegen seiner Einfachheit, logischer Stringenz und wegen seines Erfolgs bei der Erklärung vieler parteipolitischer Phänomene berühmt geworden. Mit ihm lässt sich bspw. sehr gut der zwischen Union und SPD, aber nicht nur in Deutschland immerwährende ‚Kampf um die Mitte' erklären. Dies ist auch deshalb interessant, weil Downs das Modell unter dem Einfluss der zunehmenden (und damals erklärungsbedürftigen) Konvergenz zwischen den Demokraten und den Republikanern in den 1950er Jahren in den USA entwickelte. Weiterhin bietet Downs mit seinem Modell auch einen Erklärungsansatz für den inhaltlichen bzw. den ideologischen Wandel von Parteien (Anpassung an gewandelte Wählerpräferenzen). Darüber hinaus liefert er – wie bereits erwähnt – auch eine Erklärung für die Entstehung neuer Parteien (Repräsentationslücken aufgrund falscher Einschätzung der tatsächlich vorhandenen Wählerverteilung).[5]

Nicht zu Unrecht argumentieren Kritiker aber, dass Downs' Modell statisch und deterministisch ist. Mit anderen Worten: Weil er von einer konstanten Wählerverteilung ausgeht, ergibt sich aus der Modelllogik zwangsläufig eine unbewegliche Gleichgewichtssituation. In dieser sind die Parteien alternativlos an den Medianwähler bzw. an einen Gipfelpunkt gebunden – es handelt sich letztlich um einen reinen Adaptionsprozess, der von der Wählerverteilung bedingt wird. Einflussmöglichkeiten der Parteien auf die Wählerpräferenzen – also ein präferenzänderndes oder gar -formendes Handeln, bspw. durch Überzeugung und Argumentation – existieren dagegen nicht (vgl. Bartolini 2000, S. 35). Da die Verteilung der Wählerpräferenzen also theorieextern vorgegeben ist, d. h. von ihr selbst nicht erklärt wird, bleibt sowohl ihre analytische Stärke wie auch empirische Erklärungskraft äußerst begrenzt.

Dieser Kritik kann jedoch entgegen gehalten werden, dass sie die ökonomische Theorie der Demokratie von Downs massiv verkürzt und gewissermaßen auf das Medianwählertheorem bei eingipfliger, symmetrischer Wählerverteilung und perfekter Informationslage reduziert. Zum einen verwendet Downs aber sehr viel Mühe darauf, den Faktor *Ungewissheit* in die einfache Grundstruktur seines

---

[5]Klarerweise können Repräsentationslücken auch dadurch entstehen, dass Parteien die Wählerpräferenzen zumindest in Teilen bewusst ignorieren, da sie z. B. ihrer eigenen Programmatik größeren Wert zusprechen (policy-seeking). Damit befindet man sich allerdings außerhalb der Downs'schen Theorie.

Modells einzuführen. Dies dynamisiert das Modell insofern, als sich die Parteien bspw. nicht sicher sein können, dass sich bei dem von ihnen gewählten ideologischen Standpunkt auch wirklich die meisten Wähler befinden. Diese Unsicherheit löst die Statik der ursprünglichen Modellsituation auf und ruft beständiges Agieren und Ausprobieren vonseiten der Parteien hervor.[6] Zum anderen wandelt Downs die Annahme fixer, unveränderlicher Wählerpräferenzen ab und schließt auch die Möglichkeit ein, dass Parteien hierauf Einfluss haben können (Downs 1968, S. 83 ff.). Parteien sind also nicht auf Gedeih und Verderb mit unveränderbaren Wählerpräferenzen konfrontiert, an denen sie dann ihr Handeln ausrichten müssen. Sie haben auch die Möglichkeit, durch programmatische Innovationen, durch Wahlkampf oder geschickte Rhetorik, Wähler von ihrem Standpunkt zu überzeugen. Dies gilt umso mehr, je ungewisser die Situation auch für die Wähler ist: „Auch wenn die Wähler feste Ziele haben, sind daher ihre Ansichten darüber, wie man an diese Ziele herankommt, formbar und können durch Überredung geändert werden" (Downs 1968, S. 85).

Hier zeichnet sich also ein Bild demokratischen Wettbewerbs ab, das weitaus dynamischer ist, als dem Downs'schen Modell gemeinhin zugeschrieben wird (vgl. Kaiser 2007a, S. 623). Ungewissheit und die Möglichkeit, Wählerpräferenzen ändern zu können, sind die

---

[6]Als Beispiel hierfür lassen sich die sog. ‚Testballons', meist von Parteipolitikern aus der zweiten Reihe, nennen. Hierbei wird eine vom offiziellen Parteistandpunkt abweichende Meinung öffentlich geäußert. Fallen die Reaktionen der Öffentlichkeit negativ aus, wird dies als Einzelmeinung heruntergespielt, sind sie eher positiv, wird die Parteimeinung überdacht.

beiden Faktoren, die eine dynamische Analyse ermöglichen und somit diese nicht nur auf statische, auf einen *Zeitpunkt* bezogene Gleichgewichtssituationen beschränkt bleibt. Vielmehr kommen dynamische Veränderungen des Gleichgewichts in den Blick, wie sie sich durch laufende Anpassungsprozesse der Parteien bzw. der Wähler im *Zeitverlauf* ergeben.

3.3 Das Paradox des Wählens[7]

Obwohl die „Ökonomische Theorie der Demokratie" eines der Gründungswerke des *public-choice-Ansatzes* ist und einen bahnbrechenden Einfluss ausübte, formulierte Downs in ihr ein Paradox, das die gesamte Forschungsrichtung nachhaltig verunsicherte: Die zentrale Idee der Ökonomischen Theorie der Demokratie ist der rationale Wähler, einer, der seine Wahlentscheidung aufgrund klarer, am eigenen Nutzen orientierter Kriterien trifft. Wenn das für die Wahlentscheidung gilt, dann muss das auch für die Frage gelten, *ob* er überhaupt zur Wahl gehen soll. Allerdings geht eine rationale Wählerin nur dann zur Wahl, wenn der Nutzen, den er davon hat, die aufzubringenden Kosten übersteigt (vgl. Kirchgässner 2008, S. 141). Dieses Kalkül wurde von Riker und Ordeshook (1968) in übersichtlicher Weise formalisiert (Abb. 3.3).

---

[7]Unter dem Begriff des ‚Paradox des Wählens' *(‚paradox of voting')* firmiert in manchen Publikationen auch das Problem intransitiver Abstimmungsergebnisse, welches in diesem Buch in Kap. 4 behandelt wird. Hier wird darunter allerdings ausschließlich die Anomalie hoher Wahlbeteiligungen bezeichnet, die den Theorievorhersagen widersprechen.

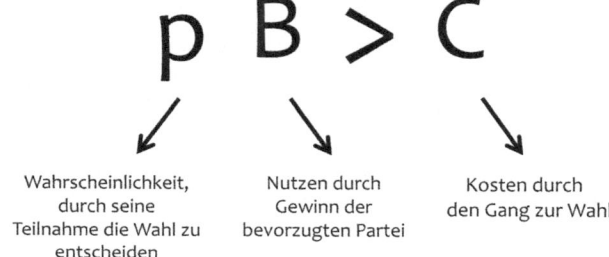

Abb. 3.3 Nutzenkalkül des rationalen Wählers. (Quelle: Eigene Darstellung)

Der erwartete Nutzen B, den ein Wähler durch den Wahlsieg der von ihm bevorzugten Partei hat, wird gewichtet mit der Wahrscheinlichkeit p, dass er oder sie die Wahl entscheidet. Die Kosten der Wahlbeteiligung C sind bspw. die aufgewendete Zeit, um am Wahltag zum Wahlbüro zu gehen. Nur wenn pB größer als C ist, ist es rational, wählen zu gehen.

Das Paradox besteht nun darin, dass bei Millionen von Wahlberechtigten die Wahrscheinlichkeit, dass eine einzelne Stimme den entscheidenden Ausschlag gibt, sehr gering ist. Hierfür müssten die Stimmen aller anderen Wählerinnen genau gleich auf die Parteien verteilt sein und die bevorzugte Partei verlieren, sollte man nicht wählen gegangen sein (vgl. Mueller 2003, S. 304). Der Faktor p ist demnach extrem klein, und in der Folge auch das Produkt mit dem Nutzen B. Wenn aber pB vernachlässigbar klein ist (p • B ≈ 0), und im Gegensatz dazu die Kosten C verhältnismäßig hoch sind, auf jeden Fall aber größer als pB, folgt aus dem rationalen Nutzenkalkül, dass kaum jemand wählen geht. Das aber ist ein Ergebnis, das offensichtlich der Realität widerspricht. „Unfortunately for theory, people do vote" (Uhlaner 1989, S. 390). Die Wahlbeteiligung bei der Bundestagswahl 2013 betrug bspw. 71,5 %. Das ist eine demokratietheoretisch durchaus diskussionswürdig niedrige Beteiligungsquote. Aus Sicht der ökonomischen Theorie ist dies dagegen eine nicht mehr erklärbar hohe Wahlbeteiligung, ein empirisches Faktum, das der theoretischen Erwartung völlig widerspricht.

Der Schock für jeden Verfechter ökonomischer Theorien dürfte auf der Hand liegen: Eine Theorie, die Wählen als rationales Handeln erklärt, kommt zu dem Schluss, dass das tatsächlich beobachtbare Verhalten ganz offensichtlich nicht rational ist (vgl. Kirchgässner 2008, S. 143). Nicht zufällig wird daher das Paradox des Wählens als Paradebeispiel herangezogen, wenn es darum geht, ökonomische Theorien der Politik als unangemessen und realitätsfern zu kritisieren (Green und Shapiro 1999 und Kap. 8 in diesem Buch). Das Paradox ist also eine zentrale Herausforderung für die *rational*-choice-Theorie. So fragt selbst Grofman, ein standhafter Verteidiger dieses Ansatzes, in einem berühmten Aufsatz (1993): „Is turnout the paradox that ate rational choice theory?"[8]

Allerdings wurden einige *theorieinterne* Versuche zur Ehrenrettung des Wählerparadoxes unternommen. Dowding (2005, S. 443) folgend lassen sich die Rettungsansätze entsprechend der Parameter der Ungleichung in Abb. 3.3 in fünf Kategorien unterteilen:

---

[8]Auch, wenn er – wenig überraschend – zu dem Ergebnis kommt, dass dieses Paradox kein grundlegendes Problem darstellt, zeigt es doch, dass es sehr ernst genommen wird.

- Die *rational-choice-Theorie* mag zwar nicht erklären können, warum Leute wählen gehen, dafür aber, was sie wählen, wenn sie einmal in der Wahlkabine stehen *(Irrelevanzlösung)*.
- Die Kosten des Wählens sind so gering, dass sie nicht ins Kalkül einbezogen werden *(C-Lösungen)*.
- Zum Nutzen des Wählens müssen weitere Nutzenanteile hinzugerechnet werden *(B-Lösungen)*.
- Die Wählerinnen verstehen entweder die Wahrscheinlichkeit nicht richtig und beziehen sie nicht in ihr Kalkül ein oder aber die Wahrscheinlichkeit muss anders als über die Maßgeblichkeit der einzelnen Stimme definiert werden *(p-Lösungen)*
- Es muss ein weiterer Faktor D in das Nutzenkalkül einbezogen werden *(D-Lösungen)*.

Eine Darstellung aller vorgeschlagenen Lösungsansätze für das Paradox des Wählens würde den Rahmen dieses Kapitels bei weitem sprengen. Daher sollen nur beispielhaft verschiedene Strategien, die jeweils an den verschiedenen Termini der Ungleichung ansetzen, erläutert werden. Gelungene Überblicksdarstellungen der umfangreichen und ausdifferenzierten Diskussion finden sich bei Geys (2006), Mueller (2003, S. 303–332) und Dowding (2005). An letzterem orientiert sich die folgende Darstellung.

Irrelevanzlösungen
Die Irrelevanzlösung ist keine Lösung im eigentlichen Sinne. Sie akzeptiert vielmehr das Argument, d. h. das Versagen des *rational-choice*-Ansatzes bei der Frage, warum Wahlbeteiligungen relativ hoch sind. Gleichzeitig wird dieses Versagen aber nicht als Grund anerkannt, *rational-choice*-Theorien völlig aus der analytischen Werkzeugkiste der Sozialwissenschaften zu verbannen. Zwar kann die absolute Höhe der Wahlbeteiligung nicht erklärt werden, aber es darf auch nicht erwartet werden, dass die *rational-choice*-Theorien *alles* erklären. Ihre Stärken liegen eher in der Erklärungskraft in Grenzbereichen (Dowding 2005, S. 444; Wuffle 1999, S. 204). Dies betrifft bspw. die Annahme, dass je knapper der Ausgang einer Wahl ist (p also größer wird), desto höher wird die Wahlbeteiligung sein. Ebenso wird sie höher sein, wenn bei einer Wahl viel auf dem Spiel steht (B also steigt; wenn es bspw. um eine Verfassungsabstimmung geht). Auch die Kosten C spielen eine Rolle: Eine Wahlpflicht erhöht bspw. die Wahlbeteiligung, eine Wählerregistrierung, die nicht automatisch, sondern erst auf Antrag erfolgt, senkt die Wahlbeteiligung. Für all diese Tendenzen gibt es – wenn auch nicht unumstrittene – empirische Hinweise.

Ein möglicher Trugschluss muss allerdings vermieden werden: „[T]his does not show, of course, that people vote *because* $pB - C > 0$, it only shows that p, B and C can independently affect their decision on whether or not to vote" (Dowding 2005, S. 445). Ein fader Beigeschmack bleibt also: Es kann gezeigt werden, dass die Kosten, Nutzen und die Enge der Wahl die Wahlbeteiligung beeinflussen. Mit den Hilfserklärungen kann aber nicht gezeigt werden, dass Wählerinnen, wenn sie denn wählen, dies aus rationalen Gründen tun.

C-Lösungen
Ein naheliegender Ausweg aus dem Paradox des Wählens ist die Argumentation, dass die Kosten der Stimmabgabe eigentlich sehr gering sind und eben nicht nur der erwartete Nutzen (aufgrund der außerordentlich geringen Wahrscheinlichkeit, dass die abgegebene Stimme wahlentscheidend ist). Die Kosten der Wahlbeteiligung, so dieses Argument, werden massiv überschätzt. Sie sind vielmehr soweit vernachlässigbar, dass sie gar nicht in die jeweilige Kosten-Nutzen-Kalkulation einbezogen werden müssen. So stellt sich Niemi (1976) auf den Standpunkt, dass es durch die Omnipräsenz des Wahlkampfs nahezu unmöglich ist, zu übersehen, dass eine Wahl stattfindet – es entstehen also keine Informationskosten. Zudem sind die Wahllokale lange geöffnet und für gewöhnlich nahe am Wohnort des Wählers, wodurch die Opportunitätskosten ebenfalls vernachlässigbar sind.

Dieser Lösungsansatz hat eine gewisse Attraktivität, er hat aber auch Widerspruch erfahren: Die Kosten des Wählens spielen, wie oben argumentiert, durchaus eine Rolle. So gering wie gerade dargestellt können sie demnach nicht sein. Dies gilt bspw. in Staaten, die nur über eine weniger gut ausgebildete ‚politische Infrastruktur' verfügen. Hier können die Kosten durchaus beachtlich sein, wenn z. B. stundenlanges Warten vor den Wahllokalen erforderlich ist oder gar mit physischen Repressalien zu rechnen ist (vgl. Green und Shapiro 1999, S. 75). Die Strategie der

C-Lösung, die Kosten des Wählens zu relativieren, ist also bestenfalls in einigen wenigen Fällen plausibel, schafft es aber nicht, das Paradox insgesamt aufzulösen.

B-Lösungen
Die B-Lösung ist die wahrscheinlich schwächste und eine nur selten vertretene Strategie zur Lösung des Wählerparadoxes. Sie basiert auf der Annahme, dass die Kosten-Nutzen-Kalkulation des Wählens positiv sein kann, wenn der Nutzen B nur groß genug ist. Interpretiert man bspw. B nicht einzig über den eigenen persönlichen Nutzen, sondern schließt auch den Nutzen anderer mit ein, dann wird B weit größer sein.

Dagegen ist aber einzuwenden, dass völlig unabhängig davon, wie plausibel nun diese Neu- und Uminterpretation auch sein mag, sie an der extrem geringen Größe von p, mit dem B gewichtet wird, scheitert. Hierzu gehe man bspw. von den Gegebenheiten in Deutschland aus und nimmt – nur um es anschaulich zu machen und entgegen der tatsächlichen Situation – an, es gäbe hier ein Mehrheitswahlsystem mit nur zwei Parteien. Nimmt man weiterhin an, dass beide Parteien eine genau 50-prozentige Wahrscheinlichkeit haben, die Wahl zu gewinnen, dann lag bei der Bundestagswahl 2013 mit seinen 44.309.925[9] Wählern die Wahrscheinlichkeit, der ‚*decisive voter*' zu

---

[9]Siehe hierzu den Internetauftritt des Bundeswahlleiters (www.bundeswahlleiter.de) zur Bundestagswahl 2013.

sein, bei 0,009 %.[10] Ein solch geringer Faktor könnte aber nur durch ein B ausgeglichen werden, das realistischerweise nicht zu leisten ist. Auf den Punkt gebracht: Der Nutzen B kann gar nicht so groß interpretiert werden, dass die nahezu vernachlässigbare Wahrscheinlichkeit von p ausgeglichen würde.

p-Lösungen
p-Lösungen gehören hingegen zu den vielversprechenden Ansätzen. Grundidee hier ist, entweder p so neu zu interpretieren, dass es weniger vernachlässigbar ist, oder aber diesen Term völlig aus der Ungleichung auszuschließen (Dowding 2005, S. 448). Hier werden stellvertretend zwei der vielen möglichen Ansätze vorgestellt: 1) die Überschätzung von p sowie 2) das sog. *minimax-regret-Modell* (Minimierung des größtmöglichen Bedauerns).

1. Dass Menschen regelmäßig und häufig Wahrscheinlichkeiten falsch einschätzen, ist wohlbekannt. Daher mag es naheliegen, dass Wähler systematisch ihren eigenen Einfluss bei Wahlen überschätzen. Im persönlichen

---

[10]Grundlage der Berechnung ist die von Mueller (2003, S. 305) dargelegte Formel. Diese geht, neben der vereinfachenden Annahme des Mehrheitswahlrechts mit nur zwei Parteien, von der höchst problematischen Annahme aus, die Wähler wüssten bereits vor der Wahl für ihre eigene Nutzenkalkulation sowohl, wie hoch die Wahlbeteiligung sein wird, wie auch die Wahrscheinlichkeiten eines jeden Bürgers, die eine oder andere Partei zu wählen. Auch führt jede noch so geringe Abweichung von einer exakten 50:50-Wahrscheinlichkeitsaufteilung (bspw. 49,9:50,1) zu einem massiven Abfall der Wahrscheinlichkeit, dass die eigene Stimme den Ausschlag gibt. Die Annahmen sind also über alle Maßen unrealistisch, stellen aber den *günstigsten denkbaren Fall* dar. Jede Annäherung an die Realität hat radikal geringere Wahrscheinlichkeiten zur Folge. Siehe hierzu auch Fischer (1999).

Nutzenkalkül steigt dadurch aber der Nutzen der Wahlbeteiligung, d. h. dieser kann größer als die Kosten sein.

Der Nachteil dieses Arguments liegt auf der Hand: Warum sind Wählerinnen ausgerechnet bei der Entscheidung, ob sie wählen gehen sollen, nicht in der Lage, die Wahrscheinlichkeit und somit ihren Nutzen richtig zu kalkulieren? Dagegen soll es aber so sein, dass sie in der Wahlkabine anspruchsvollste Berechnungen über ideologische Distanzen vornehmen können (siehe den vorherigen Abschnitt)? Diese Strategie muss sich also vorhalten lassen, dass sie nur kurzsichtig und willkürlich aus der Strenge der Theorie ausbricht, um sie der Realität, dem empirischen Faktum anzupassen. Das allerdings ist kein gangbarer Weg für eine Theorie, die sich gerade dieser Strenge rühmt.

2. Im *minimax-regret-Modell* verfolgen Ferejohn und Fiorina (1974) hingegen die Strategie, p aus der Berechnung ganz auszuschließen. Die Autoren gehen davon aus, dass die Entscheidung über die Wahlteilnahme realistischerweise gar nicht in Kenntnis der Wahrscheinlichkeit, der entscheidende Wähler zu sein, getroffen werden kann. Wenn aber Entscheidungen nicht auf entsprechende Wahrscheinlichkeitswerte gestützt werden (können), kann es eine angemessene Strategie sein, sie so zu treffen, dass sie hinterher nicht bedauert werden. Abstrakt gesprochen heißt das: Die Entscheidung wird nicht unter ‚Risiko' (bei dem man die Wahrscheinlichkeit des Eintretens berechnen kann) sondern unter ‚Ungewissheit' getroffen (d. h. man kennt die Eintrittswahrscheinlichkeit eines Ereignisses nicht). Im *minimax-regret-Modell* wird nun angenommen, dass eine Entscheidung gesucht wird, die das

größtmögliche Bedauern verhindert, bzw. näher an der wörtlichen Übersetzung: das ‚*maximale Bedauern minimiert*'.

Bezogen auf das Wahlparadoxon sind zwei Situationen denkbar, in denen es nachträglich etwas zu bedauern gibt (siehe Abb. 3.4): einerseits die Situation, dass die Wählerin gewählt hat und ihre Stimme nicht den entscheidenden Ausschlag gegeben hat (Feld 2; sie hätte also auch zu Hause bleiben können), und andererseits die Situation, dass sie nicht wählen war, aber ausgerechnet ihre Stimme gefehlt hat, um der von ihr bevorzugten Partei zum Sieg zu verhelfen (Feld 3).[11] Sicherlich ist das Bedauern in der letztgenannten Situation deutlich größer als in der erstgenannten. Welche Situation aber eintritt, wird sie erst wissen, wenn die Wahl abgeschlossen ist. Für die Wählerin bleibt bis dahin ungewiss, ob ihre Stimme letztlich nicht doch ausschlaggebend ist. Vor diesem Hintergrund entscheidet sie sich für die Option, bei der ihr mögliches Bedauern am geringsten ist: sie wird also trotz der Wahrscheinlichkeit, nicht die alles entscheidende Wählerin zu sein, wählen gehen. Mit anderen Worten, sie minimiert das größtmögliche Bedauern, das dann eintreten würde, wenn ihre Stimme doch ausschlaggebend gewesen wäre und den Wahlausgang tatsächlich verändert hätte.

Aber man ahnt es: Auch diese Lösung überzeugt nicht völlig. Einerseits ist hinsichtlich des Wahlausgangs der

---

[11]Die beiden anderen möglichen Alternativen (der Wähler wählt und seine Stimme ist die entscheidende [Feld 1] sowie der Wähler wählt nicht und seine Stimme wäre auch nicht entscheidend gewesen, Feld 4) können ignoriert werden, da in beiden Fällen kein Bedauern entsteht.

Wahlgang \ Entscheidung	Stimme hat/hätte Wahl entschieden	Stimme hat/hätte Wahl nicht entschieden
Stimmabgabe	☺ Kein Bedauern: Stimme war wahlentscheidend 1	☹ Bedauern: Wahlgang war unnötig, da nicht wahlentscheidend 2
Stimmenthaltung	☹ Bedauern: Wahlgang wäre wählentscheidend gewesen 3	☺ Kein Bedauern: Stimmabgabe hätte die Wahl nicht entschieden 4

Abb. 3.4 Das minimax-regret-Kalkül des Wahlgangs. (Quelle: Eigene Darstellung nach Mueller 2003, S. 308)

Faktor Ungewissheit nicht so groß wie angenommen (es geht schließlich nur um den Fall, in dem eine einzelne Stimme die Wahl entscheidet). Andererseits ist die Anwendung des *minimax-regret-Modells* als Handlungsstrategie sehr konservativ und führt zudem in anderen Kontexten zu bizarren Handlungen. Ist man bspw. in einem Zweiparteiensystem zwischen den beiden antretenden Parteien indifferent, so würde man sich nach dem *minimax-regret-Modell* enthalten. Tritt nun aber noch eine extreme Partei an, deren Sieg ebenso unerträglich wie unwahrscheinlich wäre, so würde einen allein diese Tatsache an die Urne treiben, einzig aufgrund der völlig unwahrscheinlichen Möglichkeit, dass die extreme Partei gewinnt, und dies vor allem mit nur einer einzigen Stimme Vorsprung (vgl. Mueller 2003, S. 307 f.).

D-Lösungen

Bei dem Term *D* (für *duty*) handelt es sich um den zusätzlichen Nutzen, der durch die Teilnahme an der Wahl entsteht. Dies kann bspw. ein intrinsischer Wert sein, wie er der Demokratie zugebilligt wird. Dieser Wert wird einfach in die Ungleichung eingefügt (siehe Abb. 3.5). Diese Lösung kann auf Downs selbst zurückgeführt werden, der schreibt: „Demokratie [ist] in gewissem Sinne eine Belohnung für die Wahlbeteiligung. Wir nennen den Teil dieser Belohnung, den der Bürger bei jeder Wahl erhält, seinen *langfristigen Partizipationswert*" (Downs 1968, S. 265, Hervorhebung im Original).

Es gibt verschiedene Vorschläge dafür, was mit dem Term D im Detail ausgedrückt werden soll. Letztlich kann alles mögliche dazu führen, dass sich die Motivation zur Wahlbeteiligung erhöht. Angefangen vom langfristigen Nutzen der Unterstützung der Demokratie, über die Loyalitätsbekundung zum politischen System, bis hin zum puren Spaß daran, zum Wahlbüro zu gehen und zu wählen. Mag auch die Einführung von D zunächst wie ein

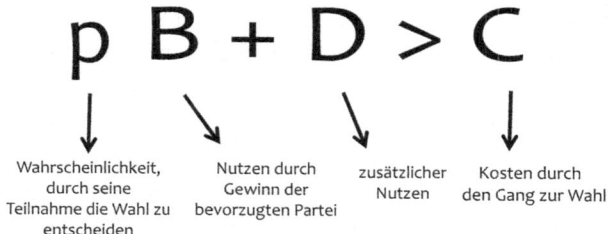

Abb. 3.5 Nutzenkalkül des Wählers mit D-Term. (Quelle: Eigene Darstellung)

Taschenspielertrick erscheinen: Mit dem Term wird ein zusätzlicher Wert eingeführt, der das Modell schließlich, so zumindest die Vertreter dieses Ansatzes, rettet. Deshalb gilt diese Variante auch als hoffnungsvollster Ansatz zur Lösung des Wahlparadoxons oder, wie Dowding (2005, S. 443) es ausdrückt: Individuen „still maximise their expected utility, but the work in utility terms is done by ‚D'". Gleichzeitig zeigt die Notwendigkeit, diesen Faktor einzuführen, die Grenzen rein ökonomischer Erklärungen auf: D ist im wesentlichen ein klassisch soziologischer Faktor (*duty* = Pflicht). Wenn bei der entscheidenden Frage, ob sich ein Wähler an Wahlen überhaupt beteiligt, letztlich alles an der soziologischen Größe D hängt, entzieht sich die ökonomische Analyse selbst ihre eigene Grundlage.

Was lässt sich als Schlussfolgerung festhalten? Kann die *public-choice*-Theorie ihr selbst hervorgebrachtes Paradox lösen oder zumindest abschwächen? Wie gesehen kann keine der dargestellten Lösungen vollends überzeugen. Zumeist wird die ansonsten so hilfreiche und viel gelobte Strenge der Theorie ihr selbst zum Verhängnis. Allerdings sei, im Anschluss an Dowding (2005, S. 443), auf zwei Argumente hingewiesen: Erstens müssen sich die verschiedenen Lösungen nicht zwangsläufig ausschließen. Es obliegt also nicht zwingend p, B, C oder D *alleine und jeweils für sich*, die analytische Last des Paradoxes zu tragen. Es ist vielmehr vorstellbar, dass bestimmte Faktoren zusammen wirken. Zweitens handeln Individuen meistens nicht nur aus einem Grund (vgl. auch Wuffle 1999, S. 203), und umgekehrt ist auch plausibel, dass viele Individuen ein und dieselbe Handlung aus verschiedenen Gründen vollziehen.

Wissenschaftlicher Fortschritt – das kann man an diesem Beispiel sehr gut demonstrieren – hakt manchmal und es bedarf immer wieder neuer praktischer und intellektueller Anstrengungen, um auftretende Schwierigkeiten zu überwinden. Eines ist klar: ein vielversprechendes Erklärungsmodell verliert nicht deshalb an Attraktivität und Bedeutung, weil immer wieder Probleme auftauchen. Vielmehr sollten die Probleme dazu antreiben, die Theorie immer weiter zu verbessern.

4

Kenneth J. Arrow: Individuelle und kollektive Präferenzen

Rationales Verhalten bedeutet in der ökonomischen Theorie, dass Individuen Handlungsalternativen in eine logisch konsistente Präferenzordnung bringen und schließlich die am höchsten eingeordnete Alternative wählen. Das wurde bereits in Kap. 2 gezeigt und gilt unabhängig davon, ob ein dünnes oder dickes Konzept von Rationalität vertreten wird. Was aber passiert, wenn ein Individuum nicht mehr für sich alleine entscheidet, sondern mehrere Individuen eine Entscheidung über mehrere Alternativen fällen müssen? Ein Freundeskreis, der sich auf ein Ausflugsziel einigen muss, ein Sportverein, der über die Verteilung der Mitgliedsbeiträge auf die Abteilungen abstimmt oder ein Parlament, welches über ein Gesetz entscheidet: All dies sind Fälle, in denen ein Entscheidungsmechanismus dabei hilft, *individuelle Präferenzen* zu einer *kollektiven Entscheidung zu aggregieren* (siehe Abb. 4.1).

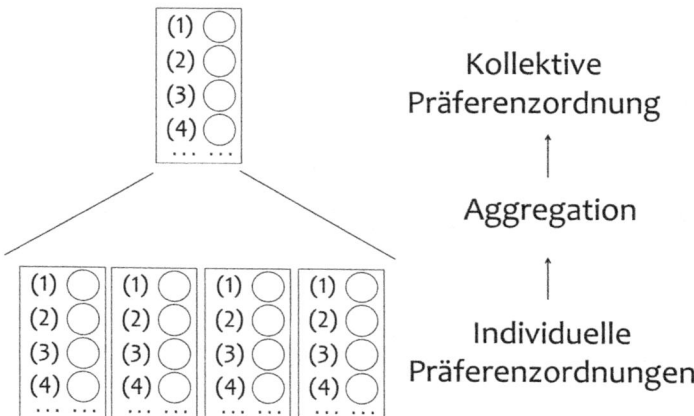

Abb. 4.1 Aggregation individueller Präferenzen. (Quelle: Eigene Darstellung)

Bei den genannten Beispielen für Entscheidungssituationen gibt es zunächst viele denkbare Möglichkeiten der Entscheidungsfindung: Ein Los könnte über das Ergebnis entscheiden, eine einzelne Person könnte die Alternative für alle bestimmen, es könnte aber auch über die verschiedenen Alternativen abgestimmt werden. Ausgehend von einer demokratischen Grundhaltung erzeugen die beiden erstgenannten Alternativen eine gewisse Skepsis, allerdings aus unterschiedlichen Gründen. Bei der Losziehung spielen die individuellen Präferenzordnungen überhaupt keine Rolle, da das Ergebnis ausschließlich vom Zufall abhängt. Ganz gleich, wie die Individuen über die jeweiligen Alternativen denken, einen Einfluss auf die Entscheidung hat dies nicht. Mag der Losentscheid auch nicht im eigentlichen Sinne undemokratisch sein: Der Zufall ist ja für alle

Beteiligten gleich. Das Unbehagen bei diesem Entscheidungsmodus liegt insbesondere darin, dass die so ermittelte kollektive Präferenzordnung völlig losgelöst von den individuellen Präferenzordnungen ist und auch gar nicht auf weitere Veränderungen reagiert (fehlende ‚*positive responsiveness*'). In dem Fall, dass eine Person das Ergebnis bestimmt, gibt es zwar eine Beziehung zwischen individueller und kollektiver Präferenzordnung: Letztere ergibt sich aus der einen individuellen Präferenzordnung des diktatorischen Entscheiders. Alle anderen individuellen Präferenzordnungen aber werden ignoriert. Das steht leicht erkennbar demokratischen Prinzipien entgegen.

Die demokratische Anforderung einer *gleichbehandelnden Beziehung* zwischen individuellen Präferenzen und schlussendlicher Entscheidung verweist auf eine doppelte Herausforderung. Es muss ein sozialer (Entscheidungs-)Mechanismus gefunden werden (für gewöhnlich eine Abstimmung), welcher sowohl allen individuellen Präferenzen gegenüber gleich sensibel ist als auch diese ohne unfaire Verzerrungen in eine neue, kollektive Präferenzordnung überführt. Nur auf diese Weise kann sichergestellt werden, dass die demokratisch gefällten Entscheidungen, gleichsam als Amalgam der Einzelpräferenzen, auch wirklich dem Willen der Abstimmenden entsprechen.[1] Die Subdisziplin ökonomischer Theorien

---

[1]Ganz bewusst wurde daher auch in Abb. 4.1 die Aggregation als umgekehrt trichterförmige *Engführung* dargestellt. Eine diktatorische Überführung der individuellen Präferenzen in eine kollektive Präferenzordnung ließe sich bspw. treffender durch einen Pfeil von einer individuellen Präferenzordnung in die kollektive Ordnung darstellen.

der Politik, welche sich mit dieser Aggregation beschäftigt, bezeichnet man auch als *social-choice-Theorie* oder *Theorie kollektiver Entscheidungen*.

Das scheinbar so selbstverständliche demokratische Prinzip der fälschungsfreien Überführung mehrerer individueller in eine kollektive Präferenzordnung gestaltet sich allerdings als deutlich schwieriger, als es die unbekümmerte Alltäglichkeit demokratischer Abstimmungen erahnen lässt. Kenneth J. Arrow hat in seinem bahnbrechenden Werk „Social Choice and Individual Values" (1951) den Beweis geführt, dass es sogar *unmöglich* ist, einen Mechanismus kollektiver Entscheidung so zu gestalten, der gleichzeitig in sich widerspruchsfrei ist und auch nur minimale demokratische Grundprinzipien beachtet.

Ein solcher Beweis beunruhigt selbstverständlich ungemein: Wenn Abstimmungen zwangsläufig entweder widersprüchlich sind oder demokratischen Minimalanforderungen nicht genügen, so rüttelt dies an den Grundfesten eines jeden demokratischen Systems. Die schwerwiegende und der nachfolgenden Forschung aufgebürdete Schlussfolgerung ist daher: „[S]o long as a society preserves democratic institutions, its members can expect that some of their social choices will be unordered or inconsistent" (Riker 1982, S. 136). Durch seine schlüssige mathematische Beweisführung gilt das sog. Arrow- oder Unmöglichkeitstheorem[2] unter den definierten

---

[2]Arrow selbst nennt sein Theorem „General Possibility Theorem", eine Tatsache, die auch Sen (1995, S. 1) verwundert: „an oddly optimistic name for what is more commonly-and more revealingly-called Arrow's impossibility theorem'".

Voraussetzungen als nicht auflösbar. Allerdings existiert eine breite wissenschaftliche Diskussion 1) hinsichtlich der zu erfüllenden normativen Anforderungen an einen demokratischen Entscheidungsmechanismus und 2) bezüglich seiner faktischen Irrelevanz (oder zumindest Vernachlässigbarkeit) für den demokratischen Prozess. Im Folgenden werden nun zunächst in Abschn. 4.1 die von Arrow aufgestellten normativen und logischen Anforderungen an einen demokratischen Aggregationsmechanismus beschrieben und das Unmöglichkeitstheorem an zwei verschiedenen Abstimmungsweisen (paarweise Abstimmung und Rangordnungswahl) illustriert. Anschließend werden in Abschn. 4.2 und 4.3 mögliche Auswege aus dem Paradox sowie Konsequenzen diskutiert.

4.1 Das Unmöglichkeitstheorem

Arrow (1951) formuliert vier minimale *normative* Anforderungen, die ein demokratisches Entscheidungsverfahren erfüllen muss (vgl. Hayden 1995, S. 297–299; Mueller 2003, S. 583; Lehner 1981, S. 47):

1. *Einstimmigkeitsprinzip (Pareto-Prinzip):* Wird eine Alternative von allen Individuen vor einer anderen bevorzugt, so muss diese Alternative auch in der kollektiven Entscheidung vor einer anderen präferiert werden.

Präferieren bspw. alle Individuen x vor y, darf eine Abstimmung nicht y als Ergebnis haben.[3]
2. *Nicht-Diktatur-Prinzip:* Das Ergebnis der kollektiven Entscheidung darf nicht durch ein einzelnes Individuum bestimmt werden. Wird dieses Prinzip verletzt, erübrigt sich eine Wahl, da das Ergebnis gleich der Präferenzordnung der ‚Diktatorin' ist.
3. *Prinzip des uneingeschränkten Bereichs:* Keine individuelle Präferenzordnung darf, aus welchen Gründen auch immer, ausgeschlossen werden. Alle möglichen Kombinationen von Präferenzordnungen müssen zugelassen werden.
4. *Prinzip der Unabhängigkeit von irrelevanten Alternativen:* Die kollektive Ordnung zweier Alternativen darf ausschließlich von den individuellen Präferenz- bzw. Indifferenzrelationen zwischen diesen beiden Alternativen abhängen und nicht von der Ordnung anderer Alternativen. Das heißt: Ob in der kollektiven Präferenzordnung a vor b bevorzugt wird oder umgekehrt, darf nur davon abhängig sein, wie die jeweiligen Individuen a und b einordnen, und nicht davon, wie sie außerdem noch c einordnen.

---

[3]Dieses Prinzip darf nicht insofern missverstanden werden, als dass es Einstimmigkeit *verlangt*. Es fordert aber, *wenn* Einstimmigkeit herrscht, dass die einstimmig bevorzugte Alternative auch in der kollektiven Entscheidung präferiert wird (vgl. Plott 1976, S. 528). Daher wird diese Anforderung auch häufig ‚Pareto-Prinzip' genannt: Wird in der kollektiven Entscheidung die einstimmig bevorzugte Alternative nicht gewählt, so handelt es sich bei dieser um eine pareto-superiore Alternative, da eine Entscheidung für sie von allen Individuen bevorzugt würde, ohne von jemandem als schlechter angesehen zu werden.

4 Kenneth J. Arrow: Individuelle und kollektive ...

Zu den vier normativen Anforderungen kommt noch eine bereits in Kap. 2 angesprochene *logische* Anforderung hinzu:

5. *Prinzip der Transitivität:* Die kollektive Präferenzordnung muss logisch konsistent sein, d. h. wenn x vor y bevorzugt wird und y vor z, dann muss auch x vor z bevorzugt werden.

Es ist sicherlich sofort nachvollziehbar, dass Arrow die genannten Anforderungen als absolutes Minimum für eine demokratische Entscheidungsregel darstellt. In der Tat kann man sich schwerlich eine demokratische Abstimmung vorstellen, in der eine Alternative, die von allen bevorzugt wird, nicht gewählt wird. Gleiches gilt für die Fälle, in denen eine Person über diktatorische Macht verfügt oder in denen bestimmte Präferenzordnungen schlichtweg ausgeschlossen werden. Auch, dass die kollektive Präferenzordnung transitiv sein muss, erschließt sich intuitiv, da auf diese Weise die Eindeutigkeit und Kohärenz der kollektiven Präferenzordnung gesichert ist. Dass die Entscheidung zwischen zwei Alternativen nicht davon abhängen darf, was die Entscheider bezüglich einer dritten (irrelevanten) Option denken, bedarf hingegen einer etwas genaueren Erläuterung. Ein Beispiel verdeutlicht den dahinterliegenden Gedanken: Einer Person wird angeboten, zwischen Schokoladeneis und Vanilleeis zu entscheiden. Sie entscheidet sich für Schokoladeneis, stellt dann aber fest, dass auch noch Erdbeereis angeboten wird. Daraufhin entscheidet sie sich neu: für Vanilleeis. Dass dies logisch wenig Sinn ergibt, leuchtet ein: Hier beeinflusst die dritte Alternative ‚Erdbeereis' die Präferenzreihenfolge von Schokoladeneis und Vanilleeis (vgl. Hayden 1995, S. 295).

Das Arrow-Theorem besagt nun, dass kein Aggregationsmechanismus existiert, welcher alle fünf genannten Anforderungen erfüllt. Respektiert er die genannten vier normativ-demokratischen Prinzipien, so führt er zwangsläufig zu logisch widersprüchlichen, weil intransitiven Ergebnissen. Ist er aber logisch widerspruchsfrei, so wird mindestens ein demokratisches Prinzip verletzt.

An zwei Beispielen sei dies nun verdeutlicht. Es sei zunächst angenommen, dass drei Individuen über drei Handlungsalternativen entscheiden. Sie haben jeweils die in Abb. 4.2 dargestellten Präferenzordnungen. Man mag sich vorstellen, dass die drei Personen über den Neubau eines Fußballstadions entscheiden, wobei A für ein großes Stadion, B für ein mittleres und C für ein kleines steht.

Als erstes sei davon ausgegangen, dass den drei Personen die jeweiligen Alternativen paarweise zur Abstimmung gestellt werden. Bei diesem nach ihrem Erfinder auch Condorcet-Methode genannten Wahlmechanismus

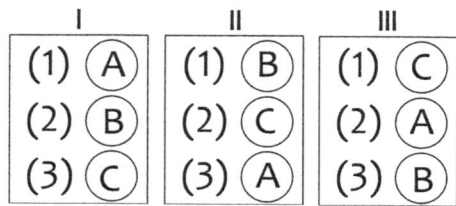

Abb. 4.2 Präferenzordnungen dreier Individuen. (Quelle: Eigene Darstellung)

tritt jede Alternative gegen jede andere einzeln in einer Abstimmung an. Diejenige Alternative, die gegen jede andere gewinnt, geht als Sieger aus der Abstimmung hervor. Diese wird auch als Condorcet-Gewinner bezeichnet.

Tritt nun A gegen B an, so setzt sich A mit den Stimmen von I und III durch. Bei der Abstimmung zwischen A und C gewinnt C mit den Stimmen von II und III. In vielen Fällen würde an dieser Stelle die Abstimmung beendet, da mit C (dem kleinen Stadion) scheinbar ein Gewinner festgestellt wurde. Doch sei einmal angenommen, II verlange nun, die von ihm bevorzugte und unterlegene Alternative B gegen die erfolgreiche Alternative C zur Abstimmung zu stellen. Dies sei nur recht und billig, da sich die erfolgreiche Alternative C gemäß der Condorcet-Methode gegen *jede andere* Alternative durchsetzen muss. Bei der Abstimmung zwischen B und C stellt man aber fest, dass es eine Mehrheit (I und II) für B gibt! Die paarweise Abstimmung zwischen den Alternativen bringt also keinen eindeutigen sog. Condorcet-Gewinner hervor. Das heißt, die paarweise Abstimmung führt zu einer intransitiven kollektiven Präferenzordnung. Letztlich kann es – wie Condorcet (1785) selbst bereits im 18. Jahrhundert feststellte – im beschriebenen Fall sogar zu *zyklischen,* nicht zu einem Ende kommenden Mehrheitsfindungen kommen. Aufgrund der beschriebenen Intransitivität ist es also immer möglich, eine Gegenmehrheit zu finden.

Wird A zum Abstimmungssieger erklärt, bildet sich eine Gegenmehrheit von II und III für C. Wird B zum Sieger, besteht die Gegenmehrheit aus I und III für A. Und für den Fall, dass C siegt, kann eine Gegenmehrheit von I und II für B gebildet werden. Wie Abb. 4.3 verdeutlicht, hat

	A	B	C
A	–	2	1
B	1	–	2
C	2	1	–

Abb. 4.3 Anzahl der Stimmen für die Alternativen in der Reihe bei einer Abstimmung gegen die Alternativen in den Spalten. (Quelle: Riker 1982, S. 68)

also jede Alternative gegenüber einer anderen Alternative eine Mehrheit.

Die Widersprüchlichkeit lässt sich nur vermeiden, wenn man mindestens eine der normativ-demokratischen Regeln verletzt. So lässt sich z. B. eine transitive kollektive Präferenzordnung erzeugen, wenn man einem der drei Individuen Vorrechte gewährt: Dies aber verletzt offensichtlich das Prinzip der Nicht-Diktatur. Eine andere Möglichkeit wäre, die Präferenzordnung von III nicht zuzulassen.[4] Unter der Voraussetzung, dass III die Rangreihenfolge von A und B umdreht (die Person also nun C vor B vor A bevorzugt), wird die Intransitivität vermieden: B geht als eindeutiger Condorcet-Gewinner hervor.[5] Dem aufmerksamen Leser wird aber nicht entgangen sein, dass hier das Prinzip des uneingeschränkten Bereichs verletzt

---

[4]Warum es ausgerechnet die von III (C vor A vor B) sein muss, wird später in Abschn. 4.2 aufgezeigt.

[5]Zum Nachweis: In den jeweiligen paarweisen Abstimmungen gewinnt B gegenüber A mit den Stimmen von II und III, bei A gegen C geht C ebenfalls mit den Stimmen von II und III als Sieger hervor, und bei B gegen C gewinnt B mit den Stimmen von I und II. B gewinnt also jede paarweise Abstimmung, A verliert jede. Die entstandene kollektive Präferenzordnung lautet demnach B vor C vor A.

wird: Alle denkbaren Präferenzordnungen, und somit auch die Präferenzordnung C vor A vor B, müssen zugelassen sein.

Ein möglicher Einwand könnte lauten, dass die Probleme der Condorcet-Methode in der Methode selbst zu suchen sind.[6] Ein anderer Abstimmungsmodus könnte dagegen vielleicht dem Anspruch einer widerspruchsfreien *und* demokratischen Ansprüchen genügenden kollektiven Präferenzordnung entsprechen. Wenn an dieser Stelle auch nicht alle möglichen Abstimmungsmodi diskutiert werden können, so ist es doch sinnvoll, mit der Rangordnungswahl – nach ihrem Erfinder auch Borda-Wahl genannt – einen alternativen Abstimmungsmechanismus zu betrachten. Dieser beruht erstens nicht auf paarweisen Abstimmungen und eignet sich zweitens gut, um das Problem der Unabhängigkeit von irrelevanten Alternativen aufzuzeigen.

Bei der Borda-Wahl ordnet jedes Individuum gemäß seiner Präferenzordnung den jeweiligen Alternativen Punktwerte zu. Die am höchsten eingeordnete Alternative erhält die höchste Punktzahl, die am zweithöchsten eingeordnete die zweithöchste, und so weiter. Bei drei Alternativen erhält bspw. die am höchsten eingeordnete Alternative drei Punkte, die zweite zwei und die niedrigste einen Punkt. Die kollektive Präferenzordnung ergibt sich dann aus der Summe der jeweils von den Individuen zugeordneten Punktwerte. Es sei nun vom Fall

---

[6]Ein naheliegender Grund mag sein, dass *paarweise* Abstimmungen nicht in der Lage sind, mehr als *zwei* Alternativen zu aggregieren.

ausgegangen, dass sich zwei Individuen über wieder drei Alternativen einigen müssen. Sie haben die Präferenzordnungen wie die Individuen I und III im vorherigen Beispiel, ersteres also A vor B vor C, letzteres C vor A vor B (siehe Abb. 4.4, Fall 1).

Nach der Borda-Wahl erhält entsprechend A fünf Punkte, C vier und B drei Punkte. Die so gebildete kollektive Präferenzordnung lautet demnach A vor C vor B. Allerdings ist es möglich, den Ausgang der Wahl durch eine andere Einordnung von B zu beeinflussen, und das *obwohl die relativen Positionen von A und C gleichbleiben*. Man stelle sich, wie im Fall 2 in Abb. 4.4, vor, I habe eine – geänderte – Präferenzordnung von A vor C vor B und III

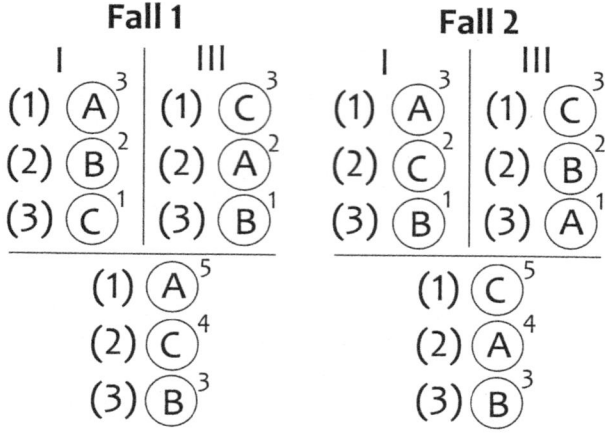

Abb. 4.4 Borda-Wahl verletzt das Prinzip der Unabhängigkeit von irrelevanten Alternativen. (Quelle: Eigene Darstellung; die hochgestellten Zahlen stellen die Punktwerte dar, welche die Alternativen nach der Borda-Wahl erhalten)

bevorzuge nun C vor B vor A. Wie leicht zu erkennen ist, haben beide Individuen bezüglich A und C genau dieselbe Einschätzung wie zuvor: I bevorzugt weiterhin A vor C und III C vor A. Einzig die Einordnung von B hat sich gegenüber dem vorherigen Fall geändert. Bei einer Borda-Wahl erhält aber jetzt A vier Punkte, B drei und C fünf! Die irrelevante Alternative B hat also einen entscheidenden Einfluss auf die letztendliche kollektive Präferenzordnung. Die Borda-Wahl verletzt demnach das Prinzip der Unabhängigkeit von irrelevanten Alternativen.

Wie schon angesprochen beweist Arrow, dass es *keinen* Aggregationsmechanismus gibt, der alle fünf von ihm aufgestellten Bedingungen erfüllt. Muss hieraus geradewegs geschlussfolgert werden, dass demokratische Verfahren aufgrund der aufgezeigten Probleme aus prinzipiellen Gründen unzureichend sind? Sind sie nicht in der Lage, den Willen des Volkes, in Anlehnung an Rousseau verstanden als Summe der Einzelpräferenzen, fälschungs- und widerspruchsfrei zu aggregieren? Stehen also letztlich demokratische Abstimmungsmechanismen auf theoretisch so tönernen Füßen, dass sie ihrem häufig mit Verve vertretenen normativen Anspruch nicht gerecht werden können?

Es mag kaum überraschen, dass das Arrow-Theorem in den wenigsten Fällen als Anlass genommen wurde, die Demokratie als Herrschaftsform oder Entscheidungsmechanismus prinzipiell infrage zu stellen. Aufgrund der enormen Tragweite seiner Implikationen wurden aber zahlreiche Strategien entwickelt, jene doch noch zu vermeiden. Zwei Herangehensweisen können hier unterschieden werden: Einerseits werden die von Arrow formulierten demokratischen Minimalanforderungen kritisiert: Da sie so minimal, wie sie zunächst erscheinen, doch nicht seien, könnte und dürfte man sie abschwächen. Andererseits wird argumentiert, das Arrow-Theorem sei ein theoretisch-mathematisches Problem, welches für den faktischen demokratischen Prozess nicht relevant sei. Beide Argumentationslinien werden im Folgenden betrachtet.

4.2 Abschwächung der normativen Anforderungen

Das normative Gewicht des Unmöglichkeitstheorems steht und fällt mit den von Arrow aufgestellten Anforderungen. Daher ergibt es durchaus Sinn, hier anzusetzen, um einen Ausweg aus den problematischen Implikationen zu finden. Betrachtet man die wissenschaftliche Diskussion, die seit mehr als 50 Jahren zu diesem Thema geführt wird, so fällt auf, dass sowohl das Einstimmigkeitsprinzip als auch das Prinzip der Nicht-Diktatur selten Gegenstand von Abschwächungsargumentationen sind: Sie sind als normative Grundlage eines demokratischen Systems zu wichtig. Die drei übrigen Prinzipien wurden hingegen häufiger einer kritischen Diskussion unterzogen.

Prinzip des uneingeschränkten Bereichs
Das Prinzip des uneingeschränkten Bereichs formuliert die intuitive demokratische Anforderung der Wahlfreiheit (vgl. Mueller 2003, S. 589). Jede Bürgerin sollte das Recht haben, sich ohne Einschränkungen zu jedem Thema eine Meinung zu bilden, ohne dass bestimmte Ergebnisse der Meinungsbildung von vornherein als nicht möglich

ausgeschlossen werden. Lässt sich hier eine Einschränkung rechtfertigen, sofern damit intransitive Ergebnisse vermieden werden? Dazu muss zunächst geklärt werden, wie eine solche Einschränkung Intransitivitäten vermeidet, um anschließend zu reflektieren, welche normativen Folgen dies hätte.

Duncan Black (1998, Erstausgabe 1958) hat mit der Bedingung der *Eingipfligkeit* eine Möglichkeit der Bereichseinschränkung entwickelt, welche die Intransitivität bei Mehrheitsentscheidungen vermeidet.

Grundgedanke ist hierbei die grafische Darstellung der Präferenzordnungen auf einer eindimensionalen Achse. Die Bedingung der Eingipfligkeit besagt nun, dass es zu transitiven Abstimmungsergebnissen kommt, wenn alle Präferenzordnungen nur einen ‚Gipfel' besitzen, sie also *nur einmal* und *von oben nach unten ihre Richtung wechseln* (vgl. Black 1998, S. 10) In Abb. 4.5 sind die bereits aus Abb. 4.2 bekannten Präferenzordnungen der drei Individuen I, II und III bezüglich des Stadionbaus auf diese Weise dargestellt.

Wie deutlich zu erkennen ist, haben I und II nur einen ‚Gipfel' in ihrer Präferenzordnung, wohingegen die Präferenzlinie von III zwei ‚Gipfel' (bei A und C) besitzt. Eine solche Kombination von Präferenzordnungen führt also, wie auch in Abschn. 4.1 gesehen, bei einer Mehrheitsabstimmung zu intransitiven Ergebnissen. Hier ist demnach auch der Grund dafür zu suchen, dass (wie in Abschn. 4.1 diskutiert wurde) ausgerechnet die Präferenzordnung von III abgewandelt werden musste, um ein transitives Ergebnis zu erhalten: Seine zweigipflige Ordnung musste in eine eingipflige umgewandelt werden.

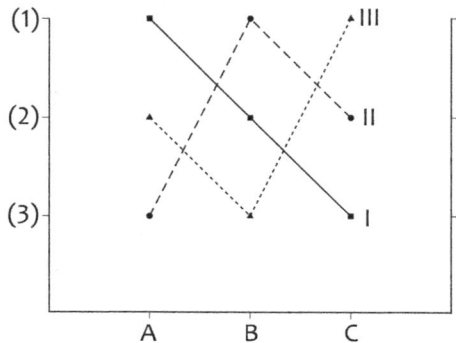

Abb. 4.5 Präferenzordnungen mit einer zweigipfligen Ordnung (III) (Die Verbindungslinien in der Abbildung zwischen den einzelnen Punkten dienen nur der besseren Erkennbarkeit der jeweiligen Präferenzordnungen.). (Quelle: Eigene Darstellung; vgl. auch Mueller 2003, S. 85)

Abb. 4.6 zeigt demgegenüber drei Präferenzordnungen, die alle nur einen ‚Gipfel' besitzen: Entsprechend führt eine Mehrheitsabstimmung zu einem eindeutigen Gewinner (B).

Wenn es die Bedingung der Eingipfligkeit durch den Ausschluss mehrgipflige Präferenzordnungen schafft, intransitive Ergebnisse zu vermeiden, stellt sich als nächstes die Frage danach, ob es sich normativ rechtfertigen lässt, mehrgipflige Präferenzordnungen auszuschließen. Allein die Vermeidung von Intransitivität kann als Grund nicht ausreichen, wäre dies doch eine willkürliche und somit illegitime Einschränkung. Abstrakter gefragt: Was ist der theoretische Gehalt der grafischen Eigenschaften ‚Ein- bzw. Mehrgipfligkeit' und lässt sich aus ihm der Ausschluss mehrgipfliger Ordnungen rechtfertigen?

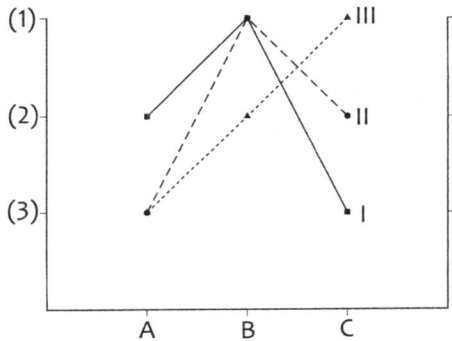

Abb. 4.6 Präferenzordnungen mit nur eingipfligen Ordnungen. (Quelle: Eigene Darstellung; vgl. auch Mueller 2003, S. 85)

Bei der Eingipfligkeit handelt es sich um eine Form der partiellen Homogenität der Präferenzordnungen. Personen mit eingipfligen Präferenzordnungen sind sich darüber einig, dass *die Alternativen, die sich weiter entfernt von ihrem Optimum befinden, mit steigender Entfernung vom Optimum an Vorzugswürdigkeit abnehmen* (vgl. Mueller 2003, S. 87). Bei mehrgipfligen Präferenzordnungen ist dies nicht gegeben, wie ein Blick auf die Präferenzordnung von III (C vor A vor B) in Abb. 4.5 verdeutlicht: Sein Optimum befindet sich bei C, und die weiter vom Optimum entfernte Alternative A liegt in seiner Einschätzung vor der näherliegenden Alternative B.

Doch ist eine solche Einschränkung der Präferenzordnungen wirklich zu rechtfertigen? Wenn man sich vorstellt, dass es sich bei den jeweiligen Alternativen um ein Kontinuum handelt, welches bspw. ein politisches Links-Rechts-Schema darstellt (A bedeute demnach also links, B die Mitte und C politisch rechts), lässt sich dies noch am ehesten nachvollziehen: Es macht logisch gesehen wenig Sinn, dass eine Person *beide* Extreme vor der Mitte einordnet. Man ist entweder links/rechts und empfindet politische Positionen immer schlechter, je weiter rechts/links sie sind, oder man verortet sich in der politischen Mitte und hat verschiedene Einschätzungen nach links und rechts. Logisch macht es aber wenig Sinn, die Mitte als die *schlechteste* Alternative einzuordnen.

Aber schon beim bereits genannten Beispiel des Stadionbaus ergeben sich erste Probleme. So ist es durchaus vorstellbar, dass eine Person sich für ein großes Stadion ausspricht, am zweitbesten ein kleines Stadion findet und ein mittelgroßes Stadion aber ablehnt (bspw. weil einem solchen Vorgehen keine kohärente Strategie zugrunde liegt, sie also ‚weder Fisch noch Fleisch' ist). Hier nehmen die Alternativen eben nicht mit steigender Entfernung vom Optimum an Vorzugswürdigkeit ab, trotzdem ist eine solche Präferenzordnung in sich schlüssig, weil hier ein weiterer Bewertungsmaßstab – die Kohärenz des Stadionkonzepts – hinzutritt. Gänzlich unhaltbar wird die Bedingung der Eingipfligkeit, wenn sich die zur Wahl stehenden Alternativen nicht eindeutig ordnen lassen, es also keine Mehr-weniger-Beziehungen zwischen ihnen gibt. Dies ist bei nominal skalierten Werten der Fall (siehe Infokasten 4.1). Wenn man sich vorstellt, die drei Individuen seien Freunde, die über ein Ausflugsziel zu entscheiden hätten, wobei A der städtische Zoo, B ein Museum und C ein Picknick im Grünen sei, so gibt es keinerlei Berechtigung dafür, die mögliche Präferenzordnung ‚Picknick vor Zoo vor Museum' auszuschließen, weil zufälligerweise eine grafische Darstellung diese als mehrgipflig ausweist.[7] Die Abschwächung des Prinzips des uneingeschränkten Bereichs durch das Kriterium der Eingipfligkeit liefert also keinen überzeugenden Ausweg aus dem Unmöglichkeitstheorem.

Transitivität
Ein gewichtiges Argument gegen die Anforderung der Transitivität geht davon aus, dass es sich hierbei um ein logisches Prinzip handelt, welches gut und angemessen für individuelle Präferenzen ist, eine Übertragung auf kollektive Präferenzordnungen aber nicht legitim sei. Hierbei würde es sich um einen klassischen Fall von *Anthropomorphismus* handeln, also der Übertragung menschlich-individueller Eigenschaften auf nichtmenschliche Objekte. Transitivität als logische Anforderung ließe sich an Individuen stellen, nicht an Gruppen (vgl. Riker 1982, S. 130). Eine solche Vermenschlichung sei ebenso falsch, wie wenn man aus dem nach menschlichem Lachen klingenden Lauten der Lachmöwe schließe, sie ‚lache' tatsächlich.

So ernst zu nehmend diese Argumentation sicherlich auch ist: Man darf sich doch nicht über den Angriffspunkt dieses Arguments täuschen lassen. Es handelt sich hierbei

---

[7]Der entscheidende Grund dafür, dass ein solcher Ausschluss illegitim ist, liegt in der Willkürlichkeit der Anordnung der Alternativen. Ob der Zoo nun A, B oder C ist und dementsprechend grafisch weiter links oder rechts angeordnet wird, ist eine willkürliche Entscheidung. Man kann auch bezweifeln, dass eine solche Darstellungsweise insgesamt für nominal skalierte Werte einen Sinn ergibt. Bei ordinal oder sogar kardinal skalierten Alternativen ergibt sich die Anordnung aus den entsprechenden Werten.

nicht um ein Argument gegen das Prinzip der Transitivität an sich, sondern richtet sich gegen ein unreflektiertes Übernehmen einer logischen Anforderung an individuelle Rationalität für den Bereich kollektiver Entscheidungen. Wenn man auch möglicherweise zugestehen kann, dass der ursprüngliche Impuls für diese Forderung anthropomorphisch geprägt war, so folgt hieraus nicht zwingend, dass es keine in der Natur kollektiver Präferenzordnungen selbst liegenden Gründe für das Prinzip der Transitivität gibt. Das Argument sagt also nur, dass der Verweis auf die Notwendigkeit von Transitivität bei individueller Rationalität nicht ausreicht, dies als Anforderung zu begründen.

Allerdings gibt es gute Gründe, die für die Beibehaltung der Transitivitätsforderung sprechen: „Without transitivity, there is no order; and without order, there is no coherence" (Riker 1982, S. 130). Schwächere Bedingungen, wie z. B. Quasi-Transitivität oder Azyklizität (siehe Sen 1970), die eben diese Kohärenz kollektiver Präferenzordnungen sichern sollen, sind ihrerseits mit Problemen behaftet und taugen daher nicht als Ersatzkriterien.[8] Solange also keine Alternative für das Prinzip der Transitivität existiert, die den Sinngehalt kollektiver Präferenzordnungen (zumindest einigermaßen) sichert, kann man mit ruhigem Gewissen an der Transitivität als logische Anforderung festhalten.

---

[8]Für eine Diskussion der Probleme, die hier nicht geleistet werden kann, siehe Mueller (2003, S. 586–588).

Prinzip der Unabhängigkeit von irrelevanten Alternativen
Dieses Prinzip basiert auf dem einleuchtenden Grundgedanken, dass ein Abstimmungsergebnis nicht anfällig sein sollte für strategische Manipulation. So soll z. B. vermieden werden, dass das Einbringen einer chancenlosen (und dadurch irrelevanten) Alternative zum eigenen Vorteil einen Einfluss auf das Ergebnis hat. So kann man sich – Bezug nehmend auf das Beispiel der Borda-Wahl in Abschn. 4.1 – vorstellen, dass die eigentliche Abstimmung zwischen den beiden Alternativen A und C geplant war. Die irrelevante und eigentlich aussichtslose Alternative B wurde aber bewusst als weitere Wahlmöglichkeit nur deshalb ins Spiel gebracht, um das Ergebnis zu manipulieren (siehe Abb. 4.7).

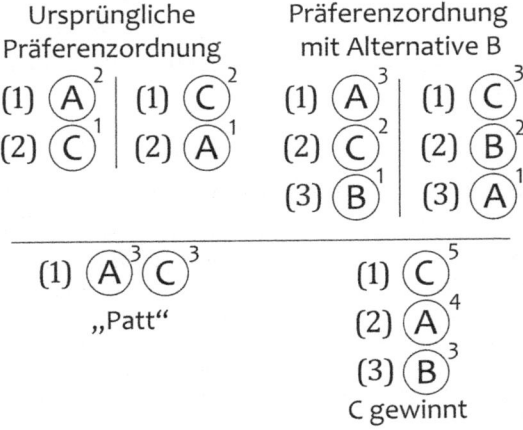

Abb. 4.7 Borda-Wahl ohne und mit der Alternative B. (Quelle: Eigene Darstellung; die hochgestellten Zahlen stellen die Punktwerte dar, welche die Alternativen nach der Borda-Wahl erhalten)

Kritiker betonen nun, dass das Prinzip der Unabhängigkeit von irrelevanten Alternativen eigentlich zwei Komponenten besitzt: einerseits den beschriebenen ‚Irrelevanzaspekt‘, der den Einfluss der Einordnung einer *irrelevanten* Alternative (und damit die Möglichkeit zur strategischen Manipulation) ausschließen soll, und andererseits den nicht auf den ersten Blick erkennbaren ‚Ordnungsaspekt‘. Dieser besagt, dass die kollektiven Präferenzordnungen einzig auf Grundlage der individuellen Präferenz*ordnungen* der jeweiligen Alternativen gebildet werden dürfen (vgl. Sen 1970, S. 89 f.). Durch diese Beschränkung werden alle Arten von Informationen vom Entscheidungsprozess ausgeschlossen, welche sich auf die *Intensitäten* der jeweiligen Präferenzen beziehen. Auf den Punkt gebracht lässt sich sagen, dass das von Arrow aufgestellte Prinzip nur *ordinale* Präferenzordnungen zulässt und somit jeden *kardinalen* Nutzenvergleich ausschließt (siehe hierzu auch Infokasten 4.1).

> **Infokasten 4.1: Nominal-, Ordinal- und Kardinalskala**
>
> Wissenschaftlichen Daten werden häufig (Zahlen-)Werte zugeordnet, um diese weiter verarbeiten und interpretieren zu können. Numerisch erfasste empirische Daten lassen bezüglich ihres Informationsgehaltes in verschiedene Skalentypen einordnen. Je nach Eigenschaften der erhobenen Daten lassen sich diese auf einer Nominal-, Ordinal- oder Kardinalskala einordnen, wobei verschiedene Skalentypen verschiedene mathematische Operationen zulassen.
>
> Bei nominal skalierten Daten haben die Werte eine *kategorisierende* bzw. *benennende* Funktion. So lässt sich bspw. bei einer Umfrage das Geschlecht der Befragten mit ‚1‘ (männlich) und ‚2‘ (weiblich) beschreiben.

> Ordinal skalierte Daten sind durch die Zahlenwerte *geordnet,* sie bringen diese also in eine Reihenfolge. Die Ergebnisse eines Sprints lassen sich bspw. mit einer ‚1' für den ersten Platz, mit einer ‚2' für den zweiten Platz etc. beschreiben. Bei der Ordinalskala wird allerdings nichts über die ‚Abstände' zwischen den Werten ausgesagt (bspw. wie viel Zeit zwischen den einzelnen Sprintern lag).
> Bei kardinal skalierten Daten sind die Zahlenwerte nicht nur ordnend, sondern bringen auch durch die Größe der Zahlenunterschiede sinnvoll interpretierbare quantitative Ausprägungen zum Ausdruck. Körpergrößen in cm sind ein Beispiel für kardinal skalierte Daten. Im Gegensatz zu einer ordinalen Skalierung desselben Merkmals (‚1' für den/die Größten, ‚2' für den/die zweitgrößte etc.) lassen sich hier z. B. Mittelwerte bilden.

Ein von Carl Christian von Weizsäcker (vgl. 1972, S. 499) formuliertes Beispiel illustriert das dahinterstehende Argument. Für Arrow macht es keinen Unterschied, ob von 100 Personen 51 eine Alternative A nur leicht besser finden als Alternative B und gleichzeitig 49 Personen B aber sehr stark gegenüber A präferieren, oder ob dieselben 51 Personen A sehr stark gegenüber B bevorzugen und die 49 Personen B nur ein wenig besser bewerten als A. Viele würden sicherlich der Aussage zustimmen, dass eine demokratische Gesellschaft im ersten Fall B und im zweiten Fall A wählen sollte. Der Grund für diese Intuition liegt darin, dass sich beide Fälle zwar nicht bezüglich der Präferenzordnung unterschieden, dafür aber die Präferenzintensitäten massiv verschieden sind. Das wesentliche Argument gegen das hier diskutierte Prinzip liegt also darin, dass eine kardinale Nutzenveränderung auch dann einen Einfluss auf die kollektive Entscheidung haben sollte, wenn damit keine Veränderung der ordinalen Präferenzordnung einhergeht. Bei Arrow wird dies ausgeschlossen. Durch die Verwendung einer kardinalen Nutzenskala kann es aber – so zumindest das Argument gegen Arrow – aus prinzipiellen Gründen keine ‚irrelevanten' Alternativen geben: Jede Alternative ist durch ihren Wert ‚relevant'.

Zwei Gegenargumente werden aber üblicherweise zur Verteidigung dieses von Arrow aufgestellten Prinzips hervorgebracht (vgl. Mueller 2003, S. 591). Erstens ist es bis heute nicht möglich bzw. hoch umstritten, wie eine solche kardinale Nutzenskala konstruiert werden soll. Das entscheidende Problem liegt hier im interpersonellen Vergleich: Da eine Nutzenskala und ihre ‚Einheiten' immer nur individuell für eine Person entwickelt werden können, ist ein Vergleich mit anderen Personen (oder gar eine Nutzenaddition/-subtraktion) nicht möglich, da sie für verschiedene Personen verschiedene Bedeutungen haben.[9]

Aber selbst wenn es möglich wäre, eine zufriedenstellende kardinale Nutzenskala zu entwickeln, so stünde man nichtsdestoweniger vor dem Problem der Möglichkeit ‚strategischer Falschangaben' der individuellen Präferenzen. Wenn nicht sichergestellt werden kann, dass die vorgegebenen Präferenzen auf jeden Fall den tatsächlichen

---

[9]Riker (1982, S. 111) hat die Nichtsummierbarkeit der individuellen Nutzenskalen (aufgrund ihrer Inkommensurabilität) amüsant zusammengefasst: „If one adds oranges and apples to get oranapps, one knows nothing more because one does not know what an oranapp is. Neither does one know what the sum of utilities is".

Präferenzen entsprechen, so handelt es sich um keinen wirklich gangbaren Weg zur Lösung des Arrow-Paradoxes. Die Verhinderung der Strategieanfälligkeit ist aber Grund genug, am Prinzip der Unabhängigkeit irrelevanter Alternativen festzuhalten.

4.3 Wie relevant ist das Arrow-Theorem?

In der Gesamtschau der verschiedenen Lösungsversuche (von denen hier nur einige wenige dargestellt werden konnten) lässt sich festhalten, dass keiner von ihnen letztlich so überzeugend ist, dass er den Anspruch erheben könnte, als ‚Lösung' zu fungieren. Zwar liefern die einzelnen Versuche wertvolle und wichtige analytische Einsichten darüber, was genau beim Prozess der Präferenzaggregation vor sich geht, letztlich aber spricht vieles dafür, dass man sich mit der Gültigkeit des Unmöglichkeitstheorems arrangieren muss.

Wenn auch dieses Paradox mit seinen Implikationen letztlich den normativen Anspruch der Demokratie als Modus der Präferenzaggregation grundsätzlich infrage stellt, so ist es doch bemerkenswert und mit in die Schlussbewertung einzubeziehen, dass demokratische Systeme ihrer Aufgabe der Aggregation der individuellen Präferenzen ihrer Bürger ziemlich gut nachkommen. Weder ist das Arrow-Paradox in der zeitgenössischen

Demokratietheorie sonderlich präsent,[10] noch findet hierüber ein öffentlicher Diskurs statt (weil es z. B. bei öffentlichen Abstimmungen zu zyklischen Mehrheiten kommt). Scheinbar also lässt es sich dem Arrow-Paradox zum Trotz ziemlich gut demokratisch abstimmen und regieren. Kann und sollte dies mit einem ideologisch aufgeladenen kollektiven Verdrängungsmechanismus erklärt werden? Oder wie sonst ist das öffentliche Desinteresse und die zumindest wissenschaftliche Marginalisierung zu interpretieren?

Einiges spricht dafür, dass das Unmöglichkeitstheorem bezüglich seiner Implikationen doch nicht so katastrophal ist, wie es zunächst den Anschein hat. Eine Argumentationsmöglichkeit bspw. geht davon aus, dass demokratische Gesellschaften in der Regel bezüglich der individuellen Präferenzen ihrer Bürgerinnen so homogen sind, dass gar nicht alle gemäß des Prinzips des uneingeschränkten Bereichs möglichen Präferenzordnungen in problematischem Maße vorkommen. So werden insbesondere extreme Positionen geächtet, marginalisiert und so recht erfolgreich aus dem politischen Prozess ausgeschlossen. Wenn es also vielleicht von prinzipiellen normativen Überlegungen ausgehend als notwendig erachtet wird, alle denkbaren Präferenzordnungen zuzulassen, so heißt dies nicht, dass in der Realität auch tatsächlich alle vertreten werden. Da sich der übergroße Teil der Bürger in einem sehr begrenzten Präferenzsegment befindet, kommt es im

---

[10]Insbesondere auf kritische Theorien der Demokratie aber hatte das Arrow-Paradox einen großen Einfluss, wenn diese Theoriefamilie auch allerdings „keine anerkennungswürdigen praktikablen Alternativen benannt" hat (Schmidt 2008, S. 271).

demokratischen Alltag faktisch nicht sehr häufig zu den fraglichen Transitivitätsproblemen. So bestechend eine solche Argumentation auch sein mag, so ist sie doch mit dem Manko behaftet, dass sie es letztlich dem Zufall überlässt, ob Intransitivitäten vorkommen oder nicht. Es wird weder argumentiert, dass Intransitivitäten zu vermeiden sind, noch dass sie *gar nicht* auftreten, sondern nur, dass sie *selten* auftreten.

Vielen reicht aus diesem Grund ein solches ‚Wahrscheinlichkeitsargument' nicht aus. Es kann zwar zugestanden werden, dass das Arrow-Theorem zeigt, dass demokratische Verfahren als Aggregationsmechanismus unter Imperfektionen leiden: Demokratische Abstimmungen bringen nur *Annäherungen* an das gewünschte optimale Ergebnis (fälschungsfreie und egalitäre Überführung der individuellen Präferenzen in eine kollektive Entscheidung) hervor. Da aber kein anderer Aggregationsmechanismus bekannt ist, der eine größere Annäherung an eben dieses Optimum erreicht und solche, die bekannt sind, dies schlechter vollbringen, kann das Unmöglichkeitstheorem nicht gegen die Demokratie gewendet werden. Auf den Punkt gebracht: Bloß weil Arrow aufgezeigt hat, dass demokratische Methoden der Präferenzaggregation nicht frei von Imperfektionen sind, ist noch nichts darüber gesagt, ob andere dies besser tun. Wir wissen aber, dass sie das im Gegenteil eben nicht tun.

Letztlich lässt sich noch – als weiteres Rettungsargument – vorbringen, dass nicht nur einzelne oder mehrere der fünf normativen Anforderungen für sich genommen zu streng seien, sondern dass der gesamte an die Demokratie herangetragene Anspruch der streng egalitären

Verschmelzung individueller Präferenzen zu strikt sei. Ein solcher Anspruch sei schon allein deswegen fragwürdig, weil es auf diese Weise möglich wäre, dass fundamentale demokratische Grundrechte einer ignoranten, schlecht informierten und voreingenommenen Mehrheit zum Opfer fallen (vgl. Reynolds und Paris 1979, S. 371). Eine Reduktion der Demokratie auf ihre Aggregationsfunktion ist daher viel zu kurz gegriffen, weil wesentliche demokratische Elemente wie Minderheitenschutz oder Grundrechtsgarantie außen vorgelassen werden.

Summa summarum ist es daher weder möglich, mit dem Arrow-Paradox antidemokratische Argumentationen zu stützen, noch in Zweifel darüber zu geraten, dass die Demokratie als Herrschaftsform nicht angemessen ist.

5

James M. Buchanan/Gordon Tullock: Die Wahl der Entscheidungsregel

Wie im letzten Kapitel gezeigt, ist es unmöglich, individuelle Präferenzen fälschungsfrei zu aggregieren (Arrow 1951). Genauer gesagt gibt es kein Verfahren, das es unter Einhaltung selbst sehr einfacher demokratischer Kriterien erlaubt, eine beliebige Menge individueller Präferenzordnungen *immer fälschungsfrei* in eine kollektive Entscheidung zu überführen. Ungeachtet der theoretischen Probleme bleibt aber ebenfalls festzustellen, dass faktisch in sehr vielen Situationen – sei es im politischen, sei es im privaten Bereich – z. B. durch Abstimmungen individuelle Präferenzen zu einer kollektiven Entscheidung aggregiert werden. Es kann sich also lohnen, den von Arrow eingeschlagenen Weg zu verlassen. Mit seiner abstrakt-mathematischen Untersuchung der Möglichkeit bzw. Unmöglichkeit der Aggregation kollektiver Präferenzen verfolgt er ein im Wesentlichen normatives Projekt.

Sucht man dagegen nach einer Erklärung dafür, *warum* es überhaupt kollektive und somit politische Institutionen gibt und warum sie so sind, wie sie sind, entsteht ein völlig anderer, interessanter Blickwinkel auf das Phänomen kollektiven Handelns.

James M. Buchanan und Gordon Tullock haben aus dieser Perspektive eine äußerst wirkmächtige und viel rezipierte *ökonomische Theorie der Verfassung* entwickelt. Ausgehend von individuellen Kalkülen untersuchen sie in ihrem Buch „The Calculus of Consent" (1962), welche Kosten und Nutzen aus Kollektiventscheidungen entstehen. Mit dem Begriff ‚Verfassung' ist hier weder die institutionelle Ausgestaltung des Regierungssystems gemeint, noch die Klärung der allen Bürgern zukommenden Grundrechte. Vielmehr geht es hier um die Frage, in welchem Verhältnis die privaten zu den kollektiven Entscheidungen stehen: „How shall the dividing line between collective action and private action be drawn? What is the realm for social and for private or individual choice?" (Buchanan und Tullock 1962, S. 5).

Die Frage nach der ‚Trennungslinie' zwischen individuellen und kollektiven Entscheidungen, die dann ‚konstitutionell' festgelegt werden soll, lässt sich in drei Aspekte untergliedern, die allerdings miteinander verwoben sind. 1) Zunächst muss grundsätzlich geklärt werden, ob überhaupt kollektive Entscheidungen zulässig sind. 2) Ist die Antwort hierauf zumindest prinzipiell positiv, stellt sich die Frage, in welchen Bereichen des Lebens und Zusammenlebens a) nur individuelle Entscheidungen und in welchen b) auch kollektive Entscheidungen zulässig sind. Aus Sicht der beiden Autoren werden rationale Individuen einer Kollektiventscheidung nur dann zuzustimmen, wenn ihr Nutzen die zu tragenden Kosten übersteigt. 3) Für Bereiche, in denen kollektive Entscheidungen möglich sind, muss zusätzlich geklärt werden, nach welcher *Entscheidungsregel* die kollektiven Entscheidungen gefällt werden.

An dieser Stelle droht die Argumentation in einem Zirkelschluss zu enden, bevor sie überhaupt angefangen hat: Die Einigung über eine Verfassung ist ja ebenfalls eine kollektive Entscheidung, für die die Verfassung eigentlich erst Regeln festlegen soll. Um sich (kollektiv) auf eine Verfassung zu einigen, die Regeln für kollektive Entscheidungen festlegt, benötigt man demnach eben die erst festzulegenden Regeln: Ohne Verfassung keine Regeln und ohne Regeln keine Verfassung.

Buchanan und Tullock lösen dieses Problem, indem sie für die Zustimmung zur Verfassung das Kriterium der *Einstimmigkeit* festlegen. Hierbei berufen sie sich auf ein überzeugendes Argument von Knut Wicksell (1896), der bereits Ende des 19. Jahrhunderts auf die Vorzüge einstimmiger Entscheidungen hingewiesen hatte. Das Einstimmigkeitsprinzip hat demnach mehrere große Vorteile: 1) Dadurch, dass *alle* einer Entscheidung *zustimmen*, wird garantiert, dass sich die individuellen Präferenzen fälschungsfrei in der Kollektiventscheidung wiederfinden. Aber leider hat die Vermeidung der Präferenzverzerrung einen hohen Preis: In Abhängigkeit vom Gegenstand der Entscheidung ist es in der Realität üblicherweise außerordentlich schwer, vollständige Einstimmigkeit zu erreichen. Das heißt, dass diese Bedingung in realen Entscheidungsprozessen in der Regel sehr restriktiv wirkt. 2) Ein gewichtiger Vorteil ist weiterhin, dass die Einstimmigkeitsregel den individuell größtmöglichen Gewinn einer Kollektiventscheidung zusichert: Kommt ein Individuum rational zu dem Schluss, dass die Kollektiventscheidung für ihn mehr Kosten erzeugt, als sie Nutzen bringt, so wird es der Entscheidung nicht zustimmen und sie damit blockieren. Die Einstimmigkeitsregel führt also als einzige Entscheidungsregel *sicher* zu einem pareto-optimalen Ergebnis.

Das Prinzip der Einstimmigkeit befreit also die beiden Autoren aus einem Dilemma, das dann entsteht, wenn man auf Grundlage des methodologischen Individualismus sinnvoll von kollektivem Handeln sprechen will. Wie in Kap. 2 beschrieben, akzeptiert der methodologische Individualismus als Handlungsträger nur das einzelne Individuum. Folgerichtig kann daher individuelles Handeln nur auf individuelle Entscheidungen zurückgeführt werden. Soziale Phänomene ergeben sich dann genau aus der Summe den Eigenschaften und sozialen Handlungen aller (beteiligten) Individuen. Bei kollektiven Entscheidungen, die *nicht* einstimmig getroffen werden, ist aber nicht klar, wer genau der Handlungsträger ist, da diese nicht vollständig auf die Einzelhandlungen *aller* Individuen zurückzuführen sind.

Das Einstimmigkeitsprinzip liefert Buchanan und Tullock auch einen Vergleichsmaßstab, mit dem sie andere Entscheidungsregeln analysieren. Tatsächlich beschäftigen sich auch große Teile ihrer Theorie damit, verschiedene Entscheidungsregeln zu vergleichen. Insbesondere die klassische Mehrheitsregel (gewählt ist, wer oder was zumindest 50 % plus eine Stimme auf sich vereinigen kann), die bekanntermaßen die dominante Entscheidungsregel in Demokratien ist, wird kritisch diskutiert. Wenn in diesem Buch auch äußerst sparsam mit normativen Implikationen und Aussagen umgangen wird (vgl. Kaiser 2007b, S. 59), so liest sich ihre Argumentation in weiten Teilen doch wie eine Kritik der vorherrschenden Mehrheitsregel. Die Mehrheitsregel taugt aus Sicht der beiden Wissenschaftler nicht als demokratischer Referenzpunkt. Als Maßstab für kollektive Entscheidungen sollte vielmehr das Einstimmigkeitsprinzip gelten.

Buchanan und Tullock widmen sich in ihrem Buch zunächst der Frage, ob es aus individueller, rationaler Perspektive überhaupt Gründe dafür gibt, bestimmte Bereiche des Lebens kollektiv zu organisieren. Sie kommen zu dem Ergebnis, dass dies durchaus der Fall ist: Rationale Kosten-Nutzen-Kalküle führen dazu, dass in bestimmten Bereichen eine individuelle und in anderen Bereichen eine kollektive Organisation vorzuziehen sind.[1] Allerdings hängen die Kosten der kollektiven Organisation wesentlich von der Ausgestaltung der Entscheidungsregel ab, mit der die kollektiven Entscheidungen letztlich getroffen werden. Die berühmte Argumentationsfigur über die Festlegung der optimalen Zustimmungsrate wird in folgendem Abschn. 5.1 dargestellt.

Auf dieser Grundlage kommen Buchanan und Tullock zu dem Schluss, dass die Mehrheitsregel nur eine von vielen möglichen Zustimmungsraten liefert, aber keine

---

[1]Für eine genauere Beschreibung des Kalküls siehe das Kap. 5 in Buchanan und Tullock (1962).

weitergehenden, besondere Eigenschaften vorweisen kann. Abschn. 5.2 widmet sich dann der Frage, inwiefern dies der Fall ist. Insbesondere die Tatsache, dass es unter der Mehrheitsregel ausgeschlossen ist, zu widersprüchlichen Abstimmungsergebnisse zu kommen, ist eine ihrer herausragenden Eigenschaften. In Abschn. 5.3 werden abschließend politisch-theoretische Schlussfolgerungen diskutiert.

5.1 Externe Kosten, Konsensfindungs- und Interdependenzkosten: Was ist eine optimale Mehrheit?

Wie lassen sich, aus individueller Perspektive, Überlegungen zur optimalen Entscheidungsregel erfassen und analysieren? Buchanan und Tullock schlagen vor, zwischen drei Kostenarten zu unterscheiden, die von entscheidender Bedeutung sind: Externe Kosten, Konsensfindungskosten und Interdependenzkosten. Abb. 5.1 fasst die Argumentation über den Kurvenverlauf dieser drei Kostenarten grafisch zusammen. Als Beispiel soll eine Gruppe von 100 Personen dienen, die über die Durchführung der Jubiläumsfeier eines Sportvereins zu entscheiden hat.[2] Auf der Abszisse (x-Achse) ist die Anzahl der Personen dargestellt, die für eine kollektive Entscheidung benötigt werden.

---

[2]Dieses Beispiel wurde aus Gründen der Einfachheit und Anschaulichkeit einem genuin ‚politischen' Beispiel vorgezogen. Da politische Entscheidungen nahezu zwangsläufig Kollektiventscheidungen sind, lassen sich die diskutierten Erkenntnisse ohne weiteres auf den politischen Bereich übertragen.

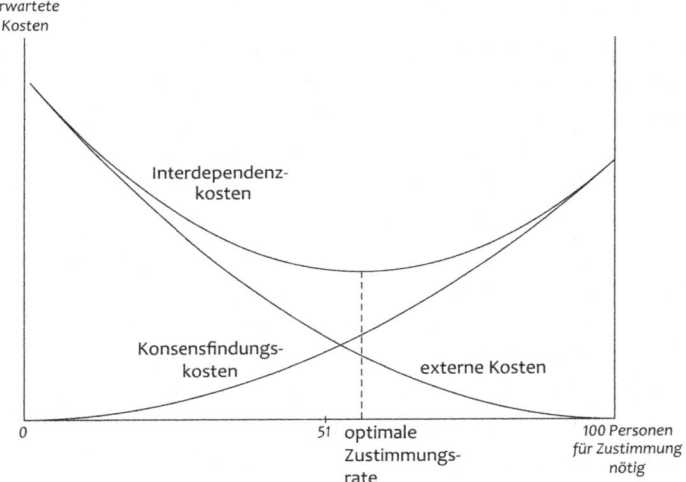

Abb. 5.1 Wahl der optimalen Zustimmungsrate. (Quelle: Nach Buchanan und Tullock 1962, S. 63–84; vgl. auch Mueller 2003, S. 75)

Da sinnvollerweise nicht von einer Gruppenentscheidung gesprochen werden kann, bei der keine Person entscheidet, beginnen die drei Kostenkurven erst bei einer Person, und enden bei 100 Personen, also der Zustimmungspflicht aller Gruppenmitglieder. Zur Orientierung ist zudem noch der Punkt für 51 Personen kenntlich gemacht, da dies die benötige Anzahl an zustimmenden Personen für die klassische Mehrheitsregel ist. Auf der Ordinate (y-Achse) sind die erwarteten Kosten der Kollektiventscheidung dargestellt. Um Missverständnisse zu vermeiden ist der Hinweis wichtig, dass diese grafische Darstellung nur zur Veranschaulichung der Argumentation dient und nicht als exakte ‚Berechnung' missverstanden werden darf.

Die erste wichtige Kostenart sind die sog. externen Kosten. Sie umfassen solche Kosten, die für das Individuum entstehen, wenn kollektive Entscheidungen so getroffen werden, dass dabei ihre eigenen Präferenzen nicht angemessen berücksichtigt werden. Im genannten Beispiel mag es der Fall sein, dass einige Vereinsmitglieder nur am Samstag den ganzen Abend und die ganze Nacht Zeit haben, am Freitag aber schon früh die Feier verlassen müssten. Sollte sich die Gruppe für den Freitag entscheiden, würden einem Teil der Mitglieder also externe Kosten aufgebürdet, da sie die Feier nicht optimal nutzen können. Auch ist denkbar, dass einige Mitglieder eher eine kleine und einfache, dafür aber günstigere Feier wünschen, wohingegen andere lieber eine pompöse, teure Feier bevorzugen. Entscheidet sich die Gruppe für eine teure Feier und werden die Kosten hierfür gleichmäßig auf die Mitglieder verteilt, so müssen diejenigen, die eine einfache Feier bevorzugen, für etwas zahlen, was sie in dieser Form gar nicht wollen. „Externe Kosten sind also die Nachteile, die jenen Mitgliedern entstehen, die nicht oder nicht gleichviel von den Vorteilen einer kollektiven Entscheidung profitieren wie andere Mitglieder" (Lehner 1981, S. 52).

Wie in Abb. 5.1 dargestellt, sinken die externen Kosten einer Kollektiventscheidung, je mehr Individuen für eine Gruppenentscheidung benötigt werden. Je höher die Zustimmungsrate ist, die für eine Entscheidung benötigt wird, desto höher ist auch die Wahrscheinlichkeit für ein Individuum, dass eine ihm unliebsame Entscheidung verhindert wird. Dies lässt sich auch anders herum ausdrücken: Die externen Kosten steigen, je weiter vom Einstimmigkeitsprinzip abgewichen wird. In dem extremen

Fall, in dem die Zustimmung aller Mitglieder benötigt wird, sind die externen Kosten aber gleich Null, da jedes Individuum eine Entscheidung, die ihm externe Kosten aufbürden würde, rationalerweise verhindert.

Ein mögliches Missverständnis muss aber vermieden werden: Die Anzahl der für eine positive Kollektiventscheidung benötigten Personen darf nicht so interpretiert werden, dass bspw. 5, 15 oder 75 *bestimmte* Personen für die Entscheidung benötigt werden, sondern *beliebige* 5, 15 oder 75 Personen. In dem extremen Fall, in dem *jedes einzelne* der 100 Kollektivmitglieder *für die gesamte Gruppe* eine Entscheidung treffen kann, besteht die Gefahr, dass hohe externe Kosten entstehen: Einer bestellt für die Feier nach seinem Geschmack eine Tanzband, eine andere mietet einen sündhaft teuren Festsaal und zwei weitere kaufen die von ihnen jeweils bevorzugte Biermarke. Die so entstehenden externen Kosten sind auch im Vergleich zu diktatorischen Entscheidungen höher, d. h. wenn eine, und nur eine bestimmte, Person alle Entscheidungen allein – eben *diktatorisch* – trifft. Würde ein Mitglied bestimmt, das über Musik, Lokalität und Biersorte entscheidet, so käme es zwar sicherlich insofern zu externen Kosten, als dass viele Präferenzen ignoriert würden. Diese Kosten wären aber geringer, als wenn *jeder einzelne* ganz nach seiner Präferenz Entscheidungen *für die gesamte Gruppe* treffen könnte.

Die Tatsache, dass bei Einstimmigkeit die externen Kosten gleich Null sind, ist die zentral herausragende Qualität dieser Entscheidungsregel. Wenn die externen Kosten der einzige relevante Faktor für eine Entscheidungsregel wären, würde ein rationales Individuum daher sicher das Einstimmigkeitsprinzip wählen. Wie aber einleitend schon angesprochen, ist der Anwendungsbereich des Einstimmigkeitsprinzips extrem restriktiv: Erst bei einem Konsens zwischen allen Mitglieder kommt es überhaupt erst zu einer Entscheidung.

Die Herstellung eines solchen allumfassenden Konsenses ist aber ihrerseits mit sehr hohen, wenn nicht sogar unendlich hohen *Konsensfindungskosten* verbunden. Buchanan und Tullock halten es daher für notwendig, diese in das individuelle Kalkül mit einzubeziehen. Wie aus Abb. 5.1 hervorgeht, verhalten sich die Konsensfindungskosten (auch Entscheidungs- oder Entscheidungsfindungskosten genannt) genau gegenteilig zu den externen Kosten. Sie sind bei einer Person gleich Null und steigen kontinuierlich an, bis sie bei 100 Personen, also bei Einstimmigkeit, am höchsten sind. Auch dies ist intuitiv einleuchtend: Je mehr Personen für eine Entscheidung auf einen Nenner gebracht werden müssen, desto mehr Zeit und Energie müssen für die Suche nach einem Konsens aufgebracht werden. In unserem Beispiel müssen die Vereinsmitglieder ggf. darüber entscheiden, ob sie eine ganz einfache Party, eine luxuriöse Vereinsfeier oder irgendetwas dazwischen planen sollen. In diesem Fall ist es sicher leichter, für 60 Personen den passenden Grad an ‚Glamour' zu finden als für 85 Personen. Nähert sich die Anzahl der benötigten Zustimmenden der Einstimmigkeit, steigt zudem die Wahrscheinlichkeit, dass einzelne Mitglieder ihre notwendige Zustimmungspflicht strategisch einsetzen, um einen höheren Nutzen für sich selbst herauszuschlagen. Es ist also unmittelbar einleuchtend, dass die Entscheidungsfindungskosten mit steigender Zustimmungsrate in die Höhe schnellen.

Auf Grundlage der beiden hier beschriebenen Kosten lässt sich nun die optimale Anzahl an Personen, die für eine kollektive Entscheidung benötigt werden, festlegen. Hierzu konstruieren Buchanan und Tullock eine dritte Kostenart, die *Interdependenzkosten*, welche sich schlicht aus der Summe der externen Kosten und der Konsensfindungskosten ergeben. Aufgrund des gegenläufigen Verlaufs der beiden Kostenkurven ergibt sich eine u-förmige Interdependenzkostenkurve, wie in Abb. 5.1 dargestellt. Ein rationales Individuum wird sich, da es die Kosten so gering wie möglich halten will, genau für diejenige Anzahl an zustimmungspflichtigen Mitgliedern aussprechen, bei der die Interdependenzkostenkurve am niedrigsten ist.

Würden sich nun die Vereinsmitglieder fragen, was auf Grundlage der soeben beschrieben Argumentation denn die optimale Zustimmungsrate für die Entscheidungen über die geplante Feier wäre, so würde sich sicherlich Ernüchterung einstellen. Die Theorie bleibt nämlich eine konkrete Antwort schuldig. Wenn vielleicht auch nicht im engeren Sinne ‚berechnet' werden kann, welche Zustimmungsrate schließlich für eine Kollektiventscheidung optimal ist, so lassen sich doch einige sehr wichtige Schlussfolgerungen und Implikationen hieraus festhalten.

Zunächst einmal ist es wichtig festzuhalten, dass die optimale Zustimmungsrate *variieren* kann, weil sie von den externen Kosten und von den Entscheidungsfindungskosten abhängt. Je nach Gegenstand der Abstimmung (und somit je nach Verlauf der entsprechenden Kurven) und bestimmter Kollektiveigenschaften kann mal mehr, mal weniger Zustimmung optimal sein. So mag bspw. die Entscheidung über das Datum der Vereinsfeier mit hohen externen Kosten verbunden sein, da manche Mitglieder gar nicht oder nur kurz an der Feier teilnehmen können. Die Kurve der externen Kosten würde also auf recht hohem Niveau liegen bzw. sehr steil verlaufen. In diesem Fall wäre eine höhere Anzahl an zustimmungspflichtigen Mitgliedern optimal. Bezüglich der Frage der angebotenen Biersorte können z. B. die Geschmäcker sehr weit auseinander liegen – hier muss somit von hohen, steil ansteigenden Entscheidungsfindungskosten ausgegangen werden. Hinsichtlich dieser Frage wäre also eine niedrigere Zustimmungsrate sinnvoll.

Einerseits sind also Faktoren relevant, die mit dem *Entscheidungsgegenstand* zusammenhängen: Sind die Folgen gravierend bzw. die Auswirkungen subjektiv sehr wichtig, dann sind auch die externen Kosten hoch. Entsprechend ist es sinnvoll, dass eine höhere Anzahl von Personen einer Entscheidung zustimmen muss, wenn viel auf dem Spiel steht. Umgekehrt gilt das gleiche: Je geringer die Bedeutung und Auswirkung der Kollektiventscheidung ist, desto bedeutender werden *im Verhältnis hierzu* die Entscheidungsfindungskosten, sodass eine niedrigere Zustimmungsrate sinnvoll wäre.

Andererseits sind aber auch *Gruppeneigenschaften* von Bedeutung. Handelt es sich bspw. um eine Gruppe, die bezüglich einer Frage sehr homogen ist, so sind die Entscheidungsfindungskosten eher gering. Hier kann ruhigen Gewissens mit einer inklusiveren Entscheidungsregel gearbeitet werden. Ist eine Gruppe aber bezüglich einer Abstimmung gespalten oder heterogen, so können die Entscheidungskosten so hoch sein, dass eine niedrigere Zustimmungsrate sinnvoll erscheint.

Buchanan und Tullock argumentieren auch, dass die *Gruppengröße* einen wesentlichen Einfluss auf die optimale Inklusivität bzw. Exklusivität der Entscheidungsregel hat. In kleinen Kollektiven finden sich eher inklusivere Entscheidungsregeln als in größeren, da die Konsensfindungskosten bei gegebener Entscheidungsregel überproportional zur Gruppengröße steigen (vgl. Buchanan und Tullock 1962, S. 112). Ausgehend von der Mehrheitsregel benötigt man bspw. bei einer Gruppe von 100 Personen mindestens 51 Personen, bei einer Gruppe von 200 Individuen 101 Personen. Nach Buchanan/Tullock verdoppeln sich in diesem Fall die Entscheidungskosten nicht nur, sondern steigen überproportional an.

Abschließend sei noch einmal auf den politikwissenschaftlich vielleicht interessantesten Punkt hingewiesen. Auf der Basis des beschriebenen individuellen Verfassungskalküls gibt es keinen in der Natur der Sache liegenden Grund dafür, dass die einfache Mehrheitsregel – also genau 50 % plus eine Stimme – eine so prominente und dominante Rolle in demokratischen Entscheidungsprozessen einnimmt (vgl. Buchanan und Tullock 1962, S. 81). Die politisch-ökonomische Analyse der beiden Wissenschaftler hat gezeigt, dass es generell wenig sinnvoll ist, nur eine einzige Entscheidungsregel zu haben. Außerdem zeigen sie überzeugend, dass nur wenig dafür spricht, die Mehrheitsregel grundsätzlich zu bevorzugen. Die Einstimmigkeitsregel hat dagegen die besondere Eigenschaft, dass sich jedes Individuum dagegen schützen kann, externe Kosten übernehmen zu müssen. Wenn erst einmal vom Einstimmigkeitsprinzip abgewichen wird, so behaupten Buchanan/Tullock: „[T]here seems to be nothing to distinguish sharply any one rule from any other" (1962, S. 81).

5.2 Die Mehrheitsregel

Wenn denn die obige Kritik der Mehrheitsregel stimmt, gibt es keinen Anlass, sie als Entscheidungsregel zu bevorzugen. Dem steht aber die auffällige Tatsache entgegen, dass sie die gebräuchlichste und am weitesten verbreitete demokratische Regel ist. Beruht dieses Faktum nur auf einem einzigen großen Missverständnis oder gibt es doch besondere Eigenschaften, die der Mehrheitsregel zukommen? Schon Buchanan und Tullock haben darauf hingewiesen, dass der Nachweis über die Besonderheit der Mehrheitsregel darin bestehen könnte, dass eben an der Stelle, wo 50 % Zustimmungsrate überschritten werden, eine Art ‚Knick' im Kurvenverlauf existiert. Sie selbst sehen sich aber nicht in der Pflicht, *gegen* die Existenz eines solchen Knicks zu argumentieren, sondern sehen die Beweislast bei denen, die *für* seine Existenz argumentieren. Die folgenden Überlegungen sollen diese Sicht unterstützen (vgl. hierzu Mueller 2003, S. 76 ff.).

Wie gesehen ist die optimale Zustimmungsrate direkt abhängig von den externen Kosten und den Konsensfindungskosten, die je nach Kollektiv oder Abstimmungsgegenstand variieren können. Es ist demnach also auch möglich, dass diese *unter* 50 % plus eine Stimme sinkt; im nun schon mehrfach angesprochenen Beispiel der Vereinsfeier also unter 51 Personen. Abb. 5.2 zeigt beispielhaft einen solchen möglichen Kurvenverlauf.

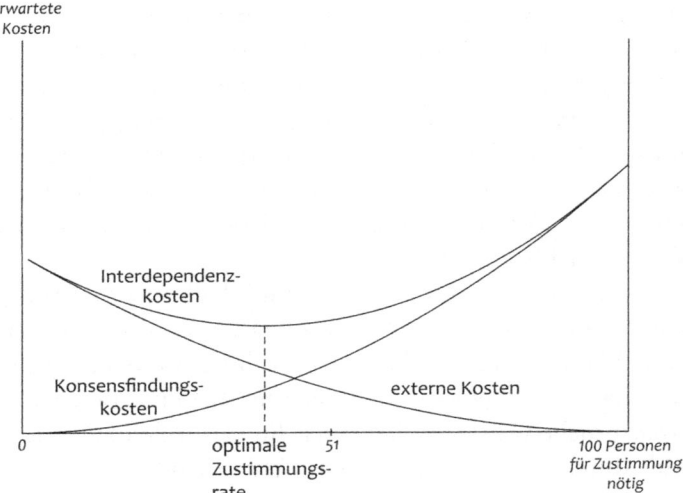

Abb. 5.2 Wahl der optimalen Zustimmungsrate (unter 50 %). (Quelle: Nach Buchanan und Tullock 1962, S. 63–84; vgl. auch Mueller 2003, S. 75)

Bislang wurde stillschweigend davon ausgegangen, dass eine Kollektiventscheidung durch eine Minderheit kein generelles Problem darstellt. Dies stimmt genau so lange, wie sich zwei Minderheitsvoten, zumindest prinzipiell, nicht ausschließen. Wenn sich z. B. 40 Personen für eine Biersorte auf der Feier aussprechen und 40 andere Personen für eine andere Biersorte, so führt dies zwar, wie gesehen, zu externen Kosten, lässt sich aber ganz praktisch durch zwei verschiedene Zapfanlagen mit den jeweiligen Sorten lösen. Was aber passiert, wenn sich zwei Kollektiventscheidungen widersprechen? Votieren 40 Personen *für* eine Feier am Freitag und 40 Personen *dagegen*, so steht man vor dem großen Problem der beständigen und wechselseitigen Blockade. Kein vernünftiges Ergebnis kann auf diese Weise entstehen. Vor diesem Hintergrund wird nun doch eine besondere Eigenschaft der Mehrheitsregel augenfällig: Sie gibt die kleinste Anzahl an zustimmungspflichtigen Personen an, die Entscheidungen, die in sich widersprüchlich sind, vermeidet.

Solange die Zustimmungsrate unterhalb von 50 % plus einer Stimme liegt, muss mit zeitraubenden, ggf. widersprüchlichen Entscheidungen gerechnet werden, welche die Zeit und Energie der an der Entscheidung Beteiligten beanspruchen. Es ist daher, auch für das individuelle Kalkül, durchaus sinnvoll, diese Kosten bei der Konsensfindung einzurechnen. Die Kostenkurve verläuft dann aber nicht gleichmäßig, sondern ändert ihre Dynamik ab dem Punkt, wo Minderheitsentscheidungen nicht mehr möglich sind. Auf den Punkt gebracht: Die Kosten, die durch widersprüchliche Voten entstehen, müssen in die Konsensfindungskosten ‚eingepreist' werden.

Abb. 5.3 stellt die Kurvenverläufe derselben Entscheidung dar wie Abb. 5.2, allerdings sind nun diejenigen Kosten, die durch widersprüchliche Voten entstehen, mit in die Entscheidungskosten einbezogen. Zum Vergleich ist der ursprüngliche Verlauf der Konsensfindungskosten und der (von ihnen abhängigen) Interdependenzkosten gestrichelt dargestellt. Die Konsensfindungskosten verlaufen nun unterhalb von 50 % viel höher, fallen dann aber leicht ab. Das Absinken lässt sich damit begründen, dass durch jede Annäherung an die 50-Prozentmarke die *Anzahl* möglicher widersprüchlicher Entscheidungen abnimmt.

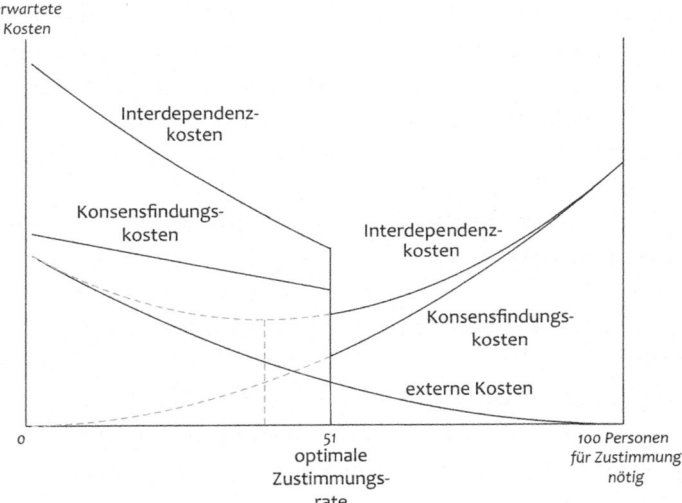

Abb. 5.3 Wahl der optimalen Mehrheit unter Einbeziehung der Kosten widersprüchlicher Entscheidungen. (Quelle: Veränderte und ergänzte Darstellung nach Mueller 2003, S. 77)

Liegt die Zustimmungsrate im Extrem bei jeder einzelnen Person, dann sind theoretisch 100 verschiedene widersprüchliche Kollektiventscheidungen möglich, die es auszuhandeln gilt, bei 20 nur noch 5 und bei genau 50 nur noch 2. Da es aber, zumindest theoretisch-abstrakt, einfacher ist, zwei widersprüchliche Entscheidungen zu klären als fünf, sinkt die Kurve der Konsensfindungskosten leicht ab, bleibt aber letztlich auf hohem Niveau.

Ab 50 % plus einer Stimme verläuft sie dann genau wie ursprünglich in Abb. 5.2. Da nun unterhalb von 50 % die Konsensfindungskosten viel höher sind, verläuft auch die Interdependenzkostenkurve auf entsprechend höherem Niveau. Aufgrund der oben bereits genannten Überlegung, dass sich ein rationales Individuum für diejenige Zustimmungsrate entscheidet, welche die Interdependenzkosten minimiert, befindet sich die optimale Mehrheit bei genau 50 % plus einer Stimme – im Abbildungsbeispiel also bei 51.

Die Einbeziehung der Kosten für widersprüchliche Entscheidungen führt also zu einem Knick in der Kurve der Konsensfindung. Dieser Umstand führt nun letztlich dazu, dass die eben von Buchanan/Tullock geschmähte Mehrheitsregel doch wieder einiges an Attraktivität gewinnt. Sicherlich ergibt sich auf diese Weise ein guter Grund, ihre Dominanz in demokratischen Entscheidungsprozessen weniger willkürlich erscheinen zu lassen als zunächst dargestellt.

Allerdings darf dieses Argument auch nicht überbewertet werden: Der Knick in der Entscheidungskostenkurve verschiebt zwar die optimale Zustimmungsrate in sehr vielen (wenn nicht sogar in allen) Fällen auf *mindestens* 50 % plus einer Stimme. Dies bedeutet aber nicht, dass sie nicht doch noch darüber liegen kann. Hohe externe Kosten mögen bspw. den Verlauf der Interdependenzkostenkurve so verändern, dass ihr Minimum bei einer höheren Zustimmungsrate liegt.

5.3 Implikationen

Was lässt sich nun aus den bisherigen Ausführungen lernen? Die in Abschn. 5.2 dargestellten Überlegungen verdeutlichen, dass die Mehrheitsregel nicht, wie von Buchanan/Tullock postuliert, nur eine unter vielen möglichen Zustimmungsraten ist. Davon bleibt jedoch die Kritik unberührt, dass sie sich kaum als *Referenzpunkt* eignet: Demokratietheoretisch bleibt weiterhin die Abweichung vom Einstimmigkeitsprinzip rechtfertigungsbedürftig und nicht eine – gegenüber der einfachen Mehrheit – höhere Zustimmungsrate.

Wie schon beim Arrow'schen Unmöglichkeitstheorem (siehe Kap. 4) gezeigt, verweist die politisch-ökonomische Analyse auch hier auf demokratietheoretische Implikationen und Auswirkungen, die der Diskussion wert sind. Hierbei allerdings stößt man – im Gegensatz zur Frage nach einer fälschungsfreien Aggregation von Präferenzen – auf das Problem, dass Buchanan und Tullock keine genuin normativen Intentionen mit ihrer Theorie verfolgen. Diese fließen allenfalls durch die wissenschaftstheoretische Verortung im methodologischen Individualismus implizit in die Analyse ein: „Our theory of constitutional choice has normative implications only insofar as the underlying basis of individual consent is accepted" (1962, S. 7). Wie aber auch bereits in Kap. 2 dargestellt, beruht der Grundsatzstreit zwischen methodologischen Individualisten und Kollektivisten auf prinzipiellen Überzeugungen hinsichtlich des Verhältnisses von Individuum und Gesellschaft. Die Aufteilung in Befürworterinnen und Gegner der jeweiligen Standpunkte geht daher nicht selten mit grundsätzlichen, politisch-ideologischen Überzeugungen einher.[3] Auch für Buchanan und Tullock, beide Anhänger des *‚libertarianism'*, kann dies sicherlich festgehalten werden.

---

[3]Besonders deutlich wird dies am Einführungsband von Guy Kirsch (2003), der sich laut Buchrückentext nicht nur als „ein Buch über Politik, sondern auch [als] ein politisches Buch" auffasst.

Infokasten 5.1: libertarianism

Unter dem Begriff ‚*libertarianism*' (selten auf deutsch ‚Libertarismus') versteht man eine Strömung der Politischen Philosophie, die davon ausgeht, dass jedem Individuum ein absolutes Recht auf *Selbstverfügung (self-ownership)* zusteht. Libertäre Gerechtigkeitskonzeptionen betonen also besonders die *Freiheit* des Menschen. Der prominenteste zeitgenössische Vertreter dieser breit gefächerten Strömung, die viele Theorien mit teilweise sehr unterschiedlichen Auffassungen vereint, ist Robert Nozick (1974).

Das Recht auf Selbstverfügung jeden Individuums bedeutet nicht nur, dass freiheitseinschränkendes Handeln anderer Menschen (bspw. durch Gewaltandrohung) als Unrecht zu bewerten ist, sondern insbesondere, dass *staatliches Handeln* auf ein Minimum zu reduzieren ist. Libertäre setzen prinzipiell auf das Recht auf Selbstverfügung und auf Eigenverantwortung und lehnen in aller Regel staatliche Vorschriften wie bspw. Drogenverbote, Helmpflicht für Motorradfahrer oder einen verpflichtenden Militärdienst ab. Dieses beinhaltet auch – so bspw. Nozick –, dass jedes Individuum vollständig über alle Erträge verfügen darf, die ihm aus eigenen Leistungen und Begabungen entstehen. Jede sozialstaatliche Umverteilung wird aus dieser Perspektive als eine Verletzung des fundamentalen Rechts auf Selbstverfügung interpretiert (vgl. Horn 2003, S. 135). Viele libertäre Konzeptionen betonen daher auch die freiheitsschonenden Vorteile eines (perfekt funktionierenden) freien Marktes und sprechen sich für einen sog. ‚Nachwächterstaat' aus, welcher sich einzig auf die Aufgaben der Bewahrung der inneren und äußeren Sicherheit beschränkt sowie die Einhaltung von Verträgen kontrolliert.

Einen verständlichen Überblick über die Grundzüge der libertären Argumentation erhält man in der dritten Episode der im Internet als Video verfügbaren Vorlesung ‚Justice' von Michael Sandel.

Was ist aber nun demokratietheoretisch von einer Einstimmigkeitsorientierung zu halten? Da die dargestellte Argumentation wesentliche Grundelemente der Mehrheitsdemokratie infrage stellt, hat sie auch Widerspruch erfahren. Nicht nur hohe Konsensfindungskosten rechtfertigen eine Abweichung von der Einstimmigkeit, sondern auch die Tatsache, dass mit steigender Inklusivität der Entscheidungsregel auch eine fragwürdige Status-quo-Orientierung einhergehe. Eine kleine Minderheit, im Extremfall sogar eine einzelne Person, kann durch ihr Veto verhindern, dass eine Entscheidung getroffen wird, sodass der Status Quo nicht verändert werden kann. Zwar kann auf diese Weise vermieden werden, dass diejenigen, die überstimmt werden, externe Kosten tragen müssen. Allerdings bleibt unbeachtet, dass u. U. der Verbleib im Status Quo auch mit Kosten für die Veränderungswilligen verbunden ist.

Letztlich wird durch eine Einstimmigkeitsorientierung aus rein theoretischen Gründen die Hürde für eine effiziente Entscheidungsfindung zu hoch gesteckt. Die Mehrheitsregel hingegen hat auch den großen Vorteil, dass sie allgemein akzeptiert ist und somit zu allgemein legitimierten Entscheidungen führt.

6

Mancur L. Olson: Die Logik des kollektiven Handelns

Kennzeichen jeder modernen, demokratischen Gesellschaft ist eine nicht mehr überschaubare Vielzahl von Organisationen, in denen sich Individuen zur Verfolgung gemeinsamer Interessen zusammengeschlossen haben – Vereine und Interessengruppen, die auf ein gemeinsames Ziel hin ausgerichtet sind. In der Verbände- und Zivilgesellschafts-Forschung geht man von geschätzten 600.000 Gruppen dieser Art in Deutschland aus (vgl. Zimmer 2007). Insbesondere im politischen Bereich gilt, dass die Anzahl an Organisationen, die im Interesse ihrer Mitglieder auf kommunaler Ebene, auf der Ebene der Länder bzw. auf Bundes- und europäischer Ebene tätig sind, kaum mehr zu ermitteln ist. Selbst die Anzahl der großen Interessengruppen sind Legion. Hierzu gehören bspw. die Gewerkschaften als Vertreter der Arbeitnehmerinteressen, der Bundesverband der Deutschen Arbeitgeberverbände für deren Interessen, der ADAC für die Interessen der Autofahrer oder *amnesty international* als Menschenrechtsorganisation. Politik in modernen Massendemokratien lässt sich gar nicht anders als ein ständiges und dauerhaftes Einwirken verschiedener, in und durch gesellschaftliche Organisationen gebündelter Interessen auf das politische System fassen. Politikwissenschaftliche Referenz bietet hier die klassische pluralistische Gruppentheorie (Bentley 1908; Truman 1951; siehe auch Infokasten 6.1). Sicher wird die Verkürzung der komplexen Realität in den Verbänden und Vereinen auf ein einziges oder nur einige wenige gemeinsame Interessen diesen Gruppen und Organisationen nicht gerecht. Dennoch soll dies hier als Definition ausreichen, da es den in unserem Zusammenhang entscheidenden Punkt, nämlich die Erzeugung eines Kollektivgutes, in den Mittelpunkt stellt.

Die Vielzahl gesellschaftlicher Gruppen und Organisationen und ihre Selbstverständlichkeit im politischen und gesellschaftlichen Alltag verführen vorschnell dazu, ihre Existenz und Funktionsweise nicht weiter zu hinterfragen und als in der Natur der Sache liegend zu interpretieren. Naiverweise wird bspw. einfach unterstellt, dass die Mitglieder einer Organisation das ihnen gemeinsame, geteilte Interesse erkennen, sich daher zur kollektiven Verfolgung eben dieses Interesses zusammenschließen und insofern auch effektiver und schlagkräftiger agieren können. Schließlich scheint es auf der Hand zu liegen, dass sich alle – die ein gemeinsames Interesse haben – für etwas einsetzen, von dem alle – mit dem gleichen Interesse – etwas haben.

6 Mancur L. Olson: Die Logik des kollektiven Handelns

Mit seinem Buch ‚Die Logik des kollektiven Handelns' – ein weiterer Klassiker der Ökonomischen Theorien der Politik – hat Mancur Olson (1965, deutsch 1968) aber eben diese Selbstverständlichkeit bezweifelt und unter Zuhilfenahme der ökonomischen Theorie die Mechanismen und Dynamiken des Zusammenschlusses von Individuen mit gleichen Interessen zu Gruppen und Organisationen untersucht (vgl. Schubert 1992).

> **Infokasten 6.1: Pluralismus**
>
> Pluralismus ist ein philosophisches Weltbild und ein zentrales Leitbild moderner Demokratien. Die politische Ordnung und Legitimität moderner, offener Demokratien beruht auf der ausdrücklichen Anerkennung und dem Respekt vor den vielfältigen Meinungen, Interessen, Zielen und Hoffnungen der Individuen.
>
> Dazu gehört einerseits, dass die Träger dieser Interessen sich frei zusammenschließen, ihren Interessen nachgehen und diese auch politisch voranbringen können. Andererseits gehört dazu, dass die Anhäufung politischer – auch staatlicher – Macht immer auch dadurch beschränkt wird, dass überall dort, wo Macht entsteht, Raum für Gegenmacht ist oder geschaffen werden muss.
>
> Insofern sind die offene Auseinandersetzung und die Konkurrenz zwischen den politischen, sozialen und wirtschaftlichen Interessen(-sverbänden, Organisationen), aber auch die Konsens- und Koalitionsmöglichkeiten zwischen diesen ein wesentlicher Teil der politisch-demokratischen Willensbildung und Partizipation.
> (Quelle: Schubert und Klein 2018)

Ausgangspunkt von Olsons Überlegungen ist die Feststellung, dass Organisationen ein oder mehrere *kollektive Güter* (auch öffentliche Güter genannt)[1] bereitstellen. Die Gewerkschaften verhandeln mit den Arbeitgebern und erstreiten so bspw. höhere Löhne oder bessere Arbeitsbedingungen, der ADAC betreibt Lobbying, um die Situation für Autofahrer zu verbessern, und *amnesty international* setzt sich weltweit für die Einhaltung der Menschenrechte ein. Jede Organisation ist letztlich darauf angewiesen, dass sich Personen, die an dem Kollektivgut ein Interesse haben, auch für seine Bereitstellung engagieren. Die fundamentale Problematik, vor denen diese Organisationen stehen, ist jedoch, dass von den von ihnen produzierten kollektiven Gütern alle profitieren, *unabhängig davon, ob er oder sie Mitglied der Organisation ist oder nicht*. Die von den Gewerkschaften erkämpfte Lohnerhöhung gilt auch für Nicht-Gewerkschaftsmitglieder, auf einer Autobahn, für die sich der ADAC eingesetzt hat, dürfen alle Bürgerinnen fahren, unabhängig davon, ob sie ADAC-Mitglied sind oder nicht, und von einer Welt ohne (oder zumindest mit weniger) Menschenrechtsverletzungen profitiert – zumindest in moralischer Hinsicht – jeder.

Ökonomisch ausgedrückt liegt das Problem kollektiver Güter darin, dass für sie zwei besondere Eigenschaften *nicht* gelten: das *Ausschlussprinzip* und die *Rivalität im Konsum*. Nicht-Ausschließbarkeit bedeutet, dass andere Personen nicht daran gehindert werden können, ein bestimmtes Gut zu nutzen bzw. von seinem Nutzen zu profitieren. Nicht-Rivalität im Konsum bedeutet, dass in dem Moment, in dem ein Individuum ein Gut

---

[1] Manche Autoren unterscheiden zwischen kollektiven und öffentlichen Gütern. Da dies hier allerdings nicht relevant ist, werden die beiden Begriffe synonym verwendet.

konsumiert oder nutzt, der Konsum oder der Nutzen für ein anderes Individuum ebenso möglich ist. Ein gutes Beispiel ist der Leuchtturm oder die Verkehrsampel: Deren (Warn-)Funktion ist für jedermann sichtbar (niemand kann ausgeschlossen werden) und die Anzahl der Nutzer ist unbeschränkt (keine Rivalität). Im Gegensatz dazu sind private Güter durch Ausschließbarkeit und Rivalität gekennzeichnet. Von der Nutzung eines Autos lassen sich bspw. leicht andere Personen ausschließen. Auch ist Rivalität im Konsum gegeben, da nur eine begrenzte Anzahl von Personen das Auto gleichzeitig nutzen können und nur eine Person es selbst fahren kann.[2] Warum also sollte sich ein rational handelndes Individuum in einer solchen Organisation engagieren, Zeit, Energie und vielleicht Geld zu investieren, wenn es die Vorteile des Kollektivgutes auch so in Anspruch nehmen kann?

Das Engagement der Einzelnen, also ihre Beteiligung an der Bereitstellung des Kollektivgutes, ist allerdings keine ‚Entweder-oder'-Situation, sondern kann auch abgestuft erfolgen. So kann man sich bspw. überhaupt nicht einsetzten, bloß passives, inaktives Mitglied einer Organisation sein, oder sich aktiv engagieren und ggf. auch sehr großen persönlichen Einsatz zeigen. Ebenso ist die Bereitstellung des Gutes selbst abhängig vom jeweiligen Engagement und kann ebenfalls abgestuft erfolgen. Hier seien

---

[2] Weiterhin lassen sich noch als Mischformen Clubgüter und Allmendegüter unterscheiden. Während bei ersteren keine Rivalität im Konsum herrscht, dafür aber Ausschließbarkeit gegeben ist (z. B. beim Bezahlfernsehen für Fußballübertragungen), verhält es sich bei letzterem genau umgekehrt (z. B. eine überfüllte Autobahn).

der Einfachheit halber nur zwei mögliche Handlungsalternativen unterschieden, ‚Engagement' und ‚Nicht-Engagement', und nur zwei mögliche Resultate ‚Bereitstellung des Kollektivgutes' und ‚Nicht-Bereitstellung des Kollektivgutes'. Nimmt man diesen Blickwinkel ein, zeigt sich deutlich, dass die Option, sich zu engagieren und dazu beizutragen, dass das Kollektivgut tatsächlich bereitgestellt wird, *nicht* die beste Möglichkeit ist. Für ein rational handelndes Individuum ist es am vorteilhaftesten, wenn das Kollektivgut bereitgestellt wird, ohne sich an den dafür notwendigen Leistungen selbst zu beteiligen (weil sich *andere* engagieren). Individuen, die sich so verhalten, werden auch *Trittbrettfahrer (free rider)* genannt, in Anlehnung an das Trittbrett von Straßenbahnen, auf dem man, ohne zu bezahlen, mitfahren konnte.

Bei der Bereitstellung kollektiver Güter ist das Trittbrettfahrerproblem *das* zentrale Problem: Handeln viele oder alle in diesem Sinne rational, d. h. verhalten sich als Trittbrettfahrer, dann wird das Kollektivgut nicht oder nur ungenügend bereitgestellt. Olsons Verdienst liegt nun darin, dass er als erster das Trittbrettfahrerproblem systematisch auf gesellschaftliche Organisationen übertragen hat. Dabei konnte er nachweisen, dass dieses Problem nicht für alle Organisationen und Interessen in gleichem Maße gilt. Wenn sich aber bei der Organisation von Interessen systematische Unterschiede ergeben, haben diese auch unterschiedliche Zugangs- und Einflussmöglichkeiten, um ihre Interessen gegenüber dem politischen System zu artikulieren und durchzusetzen. Die von Olson herausgestellten wichtigen Faktoren für die Organisationsfähigkeit von Interessen, Gruppengröße und Heterogenität der Bedürfnisintensitäten, werden in Abschn. 6.1 diskutiert.

Der Olson'schen Theorie steht aber eine zunächst paradoxe Beobachtung entgegen: Trotz theoretischer Schlüssigkeit und faktischer organisatorischer Schwierigkeiten existieren in der Realität eine unüberschaubare Vielzahl von gesellschaftlichen Gruppen und eine noch größere Anzahl von Individuen, die in solchen Gruppen engagiert sind. Für alle diese wäre es a priori rationaler, ‚Trittbrett zu fahren'. Dieser Widerspruch zu den Implikationen des Olson'schen Grundmodells bedarf also einer zusätzlichen Erklärung. Mit der Möglichkeit, sog. *selektive Anreize* einsetzen zu können, liefert Olson sowohl einen Erklärungsansatz als auch einen Ausweg aus dem Dilemma kollektiver Gütererstellung. Dieser Zusammenhang wird in Abschn. 6.2 ausgeführt.

In Abschn. 6.3 wird dann die auf die Organisierbarkeit von Gruppeninteressen konzentrierte Theorie Olsons erweitert, indem sie in den politikwissenschaftlichen Kontext einer allgemeinen Theorie starker bzw. schwacher Interessen eingeordnet wird.

6.1 Die Organisationsfähigkeit von Gruppeninteressen

Das zentrale Problem von Organisationen liegt, wie bereits skizziert, darin, dass nicht alle Individuen zur der Bereitstellung kollektiver Güter beitragen. D. h. dass sich nicht alle, die ein potenzielles Interesse an einem Kollektivgut haben, auch in ausreichendem Maße an den Kosten seiner Bereitstellung (Zeit, Energie, Geld etc.) beteiligen. Ökonomische Theorien gehen, wie nun schon mehrfach dargestellt, von rationalen Individuen aus, die die Kosten gegen den Nutzen einer Handlung abwägen. Sie werden sich also an der Bereitstellung eines Kollektivgutes nur so lange bzw. in dem Maße beteiligen, wie dieses Kosten-Nutzen-Kalkül positiv ist. Da sich die Individuen aber der Tatsache bewusst sind, dass sie vom Kollektivgut nicht ausgeschlossen werden können, wird die *individuelle* Rechnung häufig negativ, bevor es zu einer *kollektiv* optimalen Bereitstellung kommt. Sie werden sich also zu wenig bzw. gar nicht, in vielen Fällen also in *suboptimaler Weise*, engagieren. Diese Trittbrettfahrerproblematik lässt sich auch als Widerspruch zwischen individueller und kollektiver Rationalität beschreiben (siehe auch Infokasten 6.2).

Mancur Olson weist in einer bestechenden Argumentation nach, dass das Trittbrettfahrerproblem nicht gleichförmig jede Gruppe bzw. jedes Interesse in gleichem Maße betrifft. Er argumentiert vielmehr, dass die *Gruppengröße* ein entscheidender Faktor für die Organisierbarkeit von Interessen ist. Mit Gruppengröße ist hier die Anzahl derjenigen Personen gemeint, die prinzipiell ein Interesse an dem von der Organisation bereitgestellten Kollektivgut haben (z. B. Arbeitnehmerinnen an kollektiven Lohnverhandlungen, Landwirte an der Lobbyarbeit des Bauernverbandes etc.). Mehrere Gründe können nun dazu führen, dass große Gruppen schwerer zu organisieren sind als kleine.

Erstens, je größer eine Gruppe ist, desto geringer sind die Auswirkungen *individueller Verweigerung*. Da die Bedeutung des Einzelnen und seines Anteils an der

Bereitstellung des Kollektivgutes mit zunehmender Gruppengröße abnimmt, erhöht sich die Wahrscheinlichkeit, dass die Option des Trittbrettfahrens genutzt wird: Beteiligt man sich *nicht* an einem Streik, bei dem sich aber 9995 von 10.000 Beschäftigten eines Betriebes beteiligen, so gefährdet dies nicht sonderlich den Erfolg des Streiks. Als Nicht-Streikende hat man dann ggf. den Nutzen der erfüllten Forderung (z. B. Lohnerhöhung), braucht aber nicht die Kosten des Streikens (z. B. in Form von Lohnausfall) tragen. Die Weigerung, in einem Fünf-Personen-Betrieb an einem Streik teilzunehmen, mag hingegen den Erfolg bzw. die Erfolgswahrscheinlichkeit der Auseinandersetzung stark mindern.

> **Infokasten 6.2: Die Logik kollektiven Handels in der Spieltheorie**
>
> Auch die Spieltheorie (siehe Infokasten 2.1) hat sich dem Verhalten von Individuen bei der Bereitstellung kollektiver Güter und somit der Logik des kollektiven Handelns angenommen. Ausgangspunkt ist folgendes ‚Spiel' (Abb. 6.1): Mehrere Personen (hier: I bis IV) verfügen über eine gegebene Anzahl von Jetons (hier: zehn), welche sie in beliebiger Aufteilung entweder behalten oder in ein Gemeinschaftsfeld (das ‚Kollektivgut') legen können. Im unten dargestellten Fall hat bspw. Spieler I fünf, Spieler II keine, Spieler III alle und Spieler IV fünf seiner Jetons auf das Gemeinschaftsfeld gelegt. Hat sich jeder Spieler für eine Aufteilung seiner Jetons entschieden, erhält jeder einen Gewinn von der zweifachen Menge seiner behaltenen Jetons sowie die Gesamtsumme der Jetons auf dem Gemeinschaftsfeld (im Beispielfall erhält Spieler I als Auszahlung 2 × 5 = 10 Jetons + 1 × 20 Jetons = 30 Jetons; Spieler II erhält 40, Spieler III 20 und Spieler IV 30 Jetons).
>
> Das Spiel simuliert also die (abgestufte) Bereitschaft von Individuen, an der Bereitstellung eines kollektiven Gutes zu partizipieren. Wie auch in Olsons Theorie werden sich

streng nutzenmaximierende Individuen nicht an der Bereitstellung des Kollektivgutes beteiligen (Trittbrettfahrer). Da der Fall, dass *alle* Spieler *alle* ihre Jetons auf das Gemeinschaftsfeld legen (Auszahlung: 40 Jetons) schlechter ist als der Fall, dass dies alle *außer sie selbst* tun (Auszahlung: 50 Jetons), wird sich kein Spieler in einem solchen idealtypischen Fall am Kollektivgut beteiligen.[3] Es zeigt sich aber auch, dass das je *individuell rationale Verhalten*, wird es von *allen* Spieler angewandt, zu einem schlechteren Ergebnis führt als eine uneingeschränkte Beteiligung: Behält jeder Spieler alle seine Jetons, erhält jeder eine Auszahlung von 20 Jetons, wohingegen im Falle, dass alle Spieler alle ihre Jetons auf das Gemeinschaftsfeld legen, jeder Spieler wie gesehen 40 Jetons als Gewinn erhält!

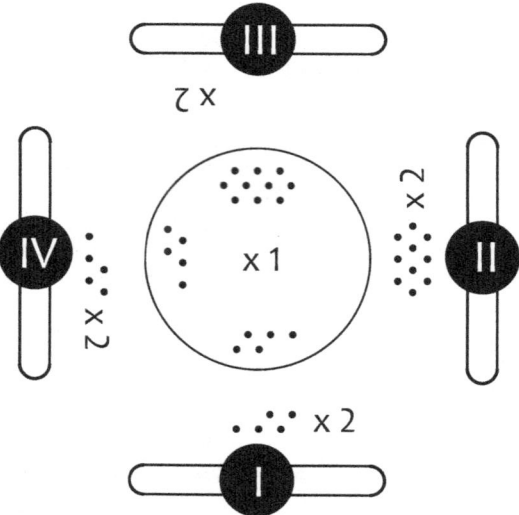

Abb. 6.1 Das Kollektivgutspiel. (Quelle: Eigene Darstellung)

---

[3]Spieltheoretisch gesprochen ist der Fall, in dem alle Spieler ihre Jetons behalten, also keiner das Gemeinschaftsfeld bedient, ein Nash-Gleichgewicht.

6 Mancur L. Olson: Die Logik des kollektiven Handelns

Zweitens, die *Sichtbarkeit der Verweigerung* nimmt mit steigender Gruppengröße ebenfalls ab. Das bedeutet allgemein gesprochen, dass der *soziale Druck innerhalb einer Gruppe,* sich an den Kosten des Kollektivgutes zu beteiligen, unterschiedlich hoch ist. Im Speziellen heißt das aber, dass mit zunehmender Gruppengröße die Identifikation des Einzelnen mit der Gruppe tendenziell abnimmt. In großen Gruppen ist also das ‚Wir-Gefühl' deutlich schwächer ausgeprägt, gleichzeitig nehmen aber auch die Möglichkeiten des Einzelnen zu, sich dem Gruppendruck zu entziehen. Obwohl sich in der theoretischen Welt voller rationaler ‚homines oeconomici' die Individuen nicht von sozialen Strukturzwängen und auferlegtem Pflichtgefühl beeindrucken lassen – oder zumindest nur dann, wenn dies zu handfesten Nachteilen für sie führt – so handelt es sich doch um Effekte, die sich in der Realität empirisch eindeutig nachweisen lassen.

Drittens ist noch zu erwähnen, dass von Organisationen bereitgestellte Kollektivgüter in der Realität nur sehr selten über die verlangten Eigenschaften – Nicht-Ausschließbarkeit, Nicht-Rivalität – verfügen (wie in unserem Leuchtturm-/Ampel-Beispiel erwähnt). Wenn es sich also um ein mehr oder weniger *unreines* Kollektivgut handelt, kann der Nutzen des Einzelnen mit steigender Gruppengröße auch abfallen. So sinkt z. B. bei einem öffentlichen Sportplatz mit steigender Nutzerinnenanzahl der Nutzen für die Einzelne: Ab einem bestimmten Schwellenwert ist der Sportplatz so voll, dass der Nutzen für die einzelne Sportlerin abnimmt. Wenn also mit zunehmender Gruppengröße der Nutzen des Einzelnen sinkt, wird die individuelle Bereitschaft zur Erstellung des Kollektivgutes zusätzlich gehemmt.

Viertens nimmt letztlich der Informations-, Koordinations- und Organisationsaufwand mit steigender Mitgliederzahl zu. Meinungsfindung, Diskussion und Bündelung (Aggregation) der vielfältigen, u. U. divergierenden Meinungen darüber, was genau das gemeinsame Interesse ist und wie dies am besten verfolgt werden kann, führen zu einem erheblichen Organisationsaufwand und erhöhen die Kosten.

Zusammenfassend lässt sich also festhalten: Mit *steigender Gruppengröße*

1. nehmen die Auswirkungen der individuellen Beitragsverweigerung ab,
2. nimmt ebenfalls die Sichtbarkeit dieser Verweigerung ab,
3. kann der Nutzen für den Einzelnen u. U. abnehmen und
4. steigen die Organisationskosten.

Dieser alle vier Punkte umfassende sog. *Größeneffekt* führt also dazu, dass große Gruppen tendenziell schwieriger zu organisieren sind als kleinere.

Neben der Gruppengröße spielt für die Organisierbarkeit von Gruppeninteressen ein zweiter Punkt eine wichtige Rolle, die *(Un-)Gleichheit der Bedürfnisintensitäten*. Dies,

6 Mancur L. Olson: Die Logik des kollektiven Handelns

so ein bekanntes Diktum Olsons, führt zu einer „Ausbeutung der Großen durch die Kleinen" (Olson 1968, S. 3). In der Darstellung der Theorie wurde bislang stillschweigend angenommen, dass alle Individuen, die mit anderen ein gemeinsames Interesse teilen, einen gleichen oder zumindest ähnlich großen Nutzen an dem Kollektivgut haben. Dies ist aber üblicherweise nicht der Fall. Es ist eher so, dass verschiedene Individuen in sehr unterschiedlichem Maße von ein und demselben Kollektivgut profitieren. So hat bspw. ein Berufspendler ein weitaus größeres Interesse an einer gut ausgebauten Autobahn zwischen seinem Heimatort und der nächsten Großstadt, in der sich seine Arbeitsstelle befindet, als jemand, der im gleichen Ort zu Hause arbeitet und nur gelegentlich zum (Groß-)Einkauf in diese Großstadt fährt. Nota bene: Sie haben kein *entgegengesetztes,* sondern nur ein verschieden stark ausgeprägtes *gleiches* Interesse. Der Pendler wird aber viel eher in einer Lobbygruppe, welche sich für den Bau bzw. die gute Pflege der Autobahn einsetzt, Mitglied werden (z. B. dem ADAC) als der Heimarbeiter. Dies ergibt sich einerseits aus dem unterschiedlich hoch ausfallenden Nutzen, den beide aus der Autobahn ziehen: Für Berufspendler mag das Kosten-Nutzen-Kalkül des Engagements selbst dann positiv sein, wenn sie mit guten Gründen annehmen können, dass andere, die nicht aktiv werden, ebenso von der Autobahn profitieren (also Trittbrett fahren).[4] Andererseits und vielleicht noch bedeutender

---

[4]An dieser Stelle sei an das aus Kap. 2 bekannte Prinzip des *neutralen Eigennutzes* erinnert: Rationale Individuen streben demnach ausschließlich nach der Maximierung ihres eigenen Nutzen. Den Nutzenwerten ihre Mitmenschen stehen sie indifferent gegenüber, sofern dies ihren eigenen Nutzen nicht tangiert.

ist aber das Wissen *über diese ungleiche Bedürfnisintensität:* Ist dem Heimarbeiter bewusst, dass Berufspendler großes Interesse an einer schlagkräftigen Lobbygruppe haben, so wird er darauf spekulieren, dass diese sich engagieren und er ohne eigenes Zutun von der guten Autobahn profitieren kann. Hier werden also die Großen (die mit der großen Bedürfnisintensität) von den Kleinen (die mit der kleinen Bedürfnisintensität) ‚ausgebeutet'.

Die im oben genannten Diktum genannte ‚Größe' lässt sich aber nicht nur in Bezug auf die Bedürfnisintensität deuten. Vielmehr lässt sie sich auch als Größe des Veränderungspotenzials interpretieren. Ebenso, wie sich Individuen aufgrund ihres großen Interesses eher an der Bereitstellung eines Kollektivgutes beteiligen als andere, tragen mächtige Mitglieder durch ihr Engagement sehr viel mehr zum Erfolg bei als andere. Allerdings gilt auch, dass sich eine mögliche Verweigerung stärker negativ auswirkt. Eben, weil sie ‚einen entscheidenden Unterschied machen', ist es für sie schwerer, die Rolle des Trittbrettfahrers einzunehmen und das Engagement anderer abzuwarten. Um ein Beispiel zu nennen: Es wäre schwerlich vorstellbar gewesen, dass zur Zeit des Kalten Krieges die USA im NATO-Verbund (oder die UdSSR im Warschauer Pakt) auf Kosten der kleineren Verbündeten hätten ‚Trittbrett fahren' können (vgl. Olson und Zeckhauser 1966; Shepsle und Bonchek 1997, S. 240). Aufgrund dieser strukturellen Benachteiligung von Gruppenmitgliedern mit großer Bedürfnisintensität bzw. großem Veränderungspotenzial – beide Fälle können natürlich auch zusammenfallen und erzeugen dann ein entsprechend höheres Gewicht – spricht

Olson von einer kontraintuitiven Tendenz der „Ausbeutung der Großen durch die Kleinen".

In der politikwissenschaftlichen Diskussion wird die soeben beschriebene Abhängigkeit der Organisationsfähigkeit von Gruppeneigenschaften (Größe, Heterogenität) nicht selten auf das Gegensatzpaar von ‚allgemeinen' und speziellen Interessen zusammengeführt. Diese unterscheiden sich im Wesentlichen hinsichtlich der betroffenen Personen bzw. ihres Abstraktionsgrades und sind dadurch entsprechend unterschiedlich organisationsfähig. *Allgemeine Interessen,* die einen großen Kreis an Personen betreffen (wie z. B. der Verbraucherschutz) oder die sich auf einem hohen Abstraktionsniveau befinden bzw. stark verallgemeinerungsfähig sind (‚gesellschaftliches Wohlergehen') und eben durch diese generelle Zustimmungsfähigkeit von prinzipiell vielen Personen geteilt werden, sind naheliegenderweise schwer zu organisieren. *Spezielle Interessen* werden hingegen nur von einem kleinen Personen- oder Mitgliederkreis verfolgt. Der ‚Verband der Ölsaatenverarbeitenden Industrie in Deutschland' z. B. vertritt die politischen Interessen von gerade einmal 18 Mitgliedern (Stand: April 2017). Es ist gerade diese Spezifität, die dazu führt, dass sie leichter zu organisieren sind. Aufgrund der unterschiedlichen Größe und des unterschiedlich konkreten Nutzens, den die jeweiligen Gruppen dann aus der Verfolgung ihres Interesses ziehen können, wird gefolgert, dass spezielle Interessen im politischen Prozess auch durchsetzungsfähiger sind als allgemeine.

6.2 Selektive Anreize

Werden die bisherigen Argumente zu Ende gedacht, ergibt sich hinsichtlich der Organisationsfähigkeit gesellschaftlicher Interessen ein eher pessimistisches Bild: Das Trittbrettfahrerproblem erschwert die Organisation gesellschaftlicher Interessen massiv. In Abhängigkeit von der Gruppengröße und der Heterogenität der Bedürfnisintensitäten sind gesellschaftliche Interessen zudem unterschiedlich leicht bzw. schwer zu organisieren. Es wäre also zu erwarten, dass das theoretische Ergebnis auch in der Realität abgebildet wird. Die Empirie zeigt aber etwas völlig anderes. Es gibt nicht nur sehr viel mehr gesellschaftliche Organisationen, als aufgrund der beschriebenen Trittbrettfahrerproblematik zu erwarten wäre, sondern auch viele Organisationen, die man wegen ihrer potenziell unzureichenden Organisationsfähigkeit überhaupt nicht erwartet hätte. Für Olson ist das empirische Faktum allerdings kein Widerspruch zu seinem Grundmodell. Die Diskrepanz zwischen theoretischer Erwartung und empirischer Tatsache ist in seinen Augen lediglich erklärungsbedürftig. Und, mit dem Hinweis auf die Möglichkeit, sog. „selektive Anreize" setzen zu können, präsentiert er auch zugleich einen überzeugenden Erklärungsansatz.

Bislang wurde davon ausgegangen, dass gesellschaftliche Organisationen ausschließlich gegründet und unterhalten werden, um kollektive Güter bereitzustellen. Beschränken sie sich jedoch ausschließlich darauf, werden sie – siehe oben – ihr Ziel bestenfalls suboptimal erreichen. Die Lösung, die Olson sieht, liegt nun darin, dass

Organisationen weitere, *zusätzliche* Güter bzw. Leistungen anbieten, für die das Ausschlussprinzip allerdings gilt. Diese Güter bzw. Leistungen sind nur solchen Mitgliedern vorbehalten, die sich in angemessener Weise an der Bereitstellung des kollektiven Gutes beteiligen. Solche Güter nennt Olson *selektive Anreize*. Selektive Anreize dienen letztlich dazu, die Kosten-Nutzen-Kalkulation eines Individuums zu beeinflussen: Geht es darum, den Nutzen der Beteiligung zu erhöhen, spricht man von positiven selektiven Anreizen; geht es darum, die Kosten der Nicht-Beteiligung zu erhöhen, spricht man von negativen selektiven Anreizen. ‚Selektiv' werden die Anreize deshalb genannt, weil sie gezielt zwischen Beitragenden und Nicht-Beitragenden diskriminieren.

Positive selektive Anreize können sehr unterschiedliche Formen annehmen: Darunter fallen z. B. materielle Unterstützung (etwa von Gewerkschaften an ihre Mitglieder im Streikfall), Service- und Hilfeleistung (die etwa nur Mitgliedern des jeweiligen Automobilklubs gewährt werden), Beratungsleistungen (etwa Rechtsberatung durch Arbeitgebervereinigungen an Mitgliedsunternehmen), kostengünstige Ferienangebote für Kinder (bspw. nur für Angehörige einer Religionsgemeinschaft) bis hin zum monatlichen Mitteilungsblatt oder dem halbjährlichen *‚newsletter'* des Alumni-Vereins aus Studienzeiten. In all diesen Beispielen kommen nur die Mitglieder in den Genuss der Leistung, während Nicht-Mitglieder hiervon ausgeschlossen sind. Positive selektive Anreize müssen aber nicht zwangsläufig materieller Natur sein, sondern es kann sich auch um immaterielle Güter handeln, wie z. B.

soziales Ansehen, Macht oder Zugang zu einflussreichen (Karriere-)Netzwerken.

Negative selektive Anreize setzen am anderen Ende an, sie erhöhen die Kosten des Nicht-Engagements oder verhindern das Trittbrettfahren völlig: So sind z. B. alle Anwältinnen in Deutschland gesetzlich zur Mitgliedschaft in der Rechtsanwaltskammer verpflichtet.[5] Gleiches gilt für Ärzte, die in der Ärztekammer Mitglied sein müssen, um praktizieren zu dürfen. Neben diesen, unmittelbaren Zwang ausübenden Anreizen können negative Anreize auch nur mittelbar wirken oder schwächere Sanktionen beinhalten: So kann keine Unternehmerin gezwungen werden, im örtlichen Karnevalsverein Mitglied zu sein. In bestimmten Gegenden Deutschlands kann dies aber der Ort sein, an dem wichtige Kontakte geknüpft und lukrative Geschäfte ins Rollen gebracht werden, sodass die Nicht-Mitgliedschaft faktisch keine Alternative darstellt.

Mit Blick auf das *Verhältnis* zwischen der Bereitstellung eines kollektiven Gutes und dem Angebot von positiven selektiven Anreizen kommt Olson sogar zu dem Schluss, dass im Laufe der Zeit die Hauptaufgabe immer weiter in den Hintergrund tritt, das Angebot an privaten Gütern und Dienstleistungen gleichzeitig immer weiter ausgebaut wird. Hierdurch wird das Kollektivgut schließlich zu einem *Nebenprodukt*. Zu denken ist hier z. B. an den ADAC, der

---

[5]Pflichtmitgliedschaften sind in Deutschland nur in begründeten Ausnahmefällen möglich, da sie gegen die ‚negative Koalitionsfreiheit' verstoßen, ein aus der (positiven) Koalitionsfreiheit (Art. 9 GG) abgeleitetes Prinzip. Pflichtmitgliedschaften, wie bspw. bei der Rechtsanwaltskammer, sind dann zulässig, wenn sie der Erfüllung öffentlich-rechtlicher Aufgaben dienen, im Falle der Rechtsanwaltskammer bspw. eine geordnete Rechtspflege.

neben seiner Interessensvertretungsfunktion für Autofahrerinnen von der Pannenhilfe über Fahrsicherheitstraining bis hin zu Rabattprogrammen für Kulturveranstaltungen eine nahezu unüberschaubare Angebotspalette bereithält, aus der sich – je nach Zahlungsbereitschaft – die Mitglieder bedienen können. In dem Beispiel ist es sicherlich nicht völlig verkehrt anzunehmen, dass es den meisten ADAC-Mitgliedern nicht um die Lobbyarbeit geht, sondern um den Genuss der selektiven Anreize.

6.3 Starke und schwache Interessen

Mancur Olsons Theorie kollektiven Handelns ist der im ‚main-stream' der politikwissenschaftlichen Forschung am meisten diskutierte Ansatz der Ökonomischen Theorie der Politik und gilt in der Interessengruppenforschung als forschungsleitendes Paradigma (vgl. Schubert 1992). Das liegt sicherlich daran, dass mittels dieses Ansatzes überzeugende und herausfordernde Argumente gegen die äußerst einflussreiche pluralistische Gruppentheorie entwickelt wurden. Akzeptiert man Olsons Argument, dass es strukturelle Unterschiede hinsichtlich der Organisationsfähigkeit von Gruppeninteressen gibt, so sind das normative Postulat und die Grundvoraussetzung der pluralistischen Gruppentheorie stark eingeschränkt. Diese postulieren nämlich, dass unter demokratischen Bedingungen alle gesellschaftlichen Interessen gleichen Zugang zu den politischen Entscheidungsprozessen und vergleichbare Erfolgswahrscheinlichkeiten bei der Durchsetzung haben.

Da die Politik aber aus normativer, demokratietheoretischer und sachlich-funktionaler Sicht auf die Artikulation von Interessen angewiesen ist, Interessengruppen also als ‚input-Lieferanten' des politischen Systems fungieren (oft auch bei der Umsetzung politischer Maßnahmen in die Praxis), ist es in jeder Hinsicht kritisch, wenn manche Interessen, einzig aufgrund normativ irrelevanter Faktoren wie Gruppengröße oder Heterogenität der Bedürfnisintensität, über eine höhere Organisationsfähigkeit verfügen und damit über eine höhere Durchsetzungswahrscheinlichkeit ihrer Interessen. Olsons Theorie lässt sich daher auch als ein zentraler Baustein einer Theorie starker bzw. schwacher Interessen(-gruppen) auffassen. Stärke bzw. Schwäche meint hier die jeweils relative Position in der Konkurrenzsituation mit anderen Interessen(-gruppen).

Was aber macht nun Interessengruppen zu ‚starken', d. h. politisch wichtigen, einflussreichen Interessengruppen bzw. umgekehrt, warum sind manche Interessen ‚schwach' und politisch wenig einflussreich? Olsons Erkenntnisse hinsichtlich der Organisationsfähigkeit sind da nur eine von zwei aufeinander bezogenen Dimensionen. Die zweite betrifft die von Claus Offe (1969) erstmals thematisierte Dimension der Konfliktfähigkeit, die weiter unten diskutiert wird.

Zunächst ist es bei der Untersuchung der Organisationsfähigkeit sinnvoll, dies nicht einzig anhand der Gruppengröße oder der Heterogenität der Bedürfnisintensitäten zu tun, sondern weitere, dem Einzelfall angemessene Aspekte einzubeziehen. Ein wichtiger Aspekt ist bspw. die Frage, ob die betroffenen Personen überhaupt erkennen, dass sie ein Interesse haben, das sie mit anderen teilen. Ist dies dem

Personenkreis nicht bewusst oder ist das entsprechende Bewusstsein nur schwach ausgeprägt, fehlt eine zentrale Organisationsvoraussetzung. Das (potenzielle) Interesse lässt sich dann nicht oder nur advokatorisch organisieren. Im Falle von Obdachlosigkeit stehen die Betroffenen bspw. vor individuell vorrangigen, existenziellen Problemen, die keinen (oder zumindest sehr wenig) Raum für die Organisation ihrer gemeinsamen Interessen lassen.

Ein weiterer wichtiger Aspekt sind die Organisationskosten, die ebenfalls, je nach spezifischen Bedingungen, höher oder niedriger sein können. Ist z. B. eine große geografische Entfernung der Mitglieder gegeben bzw. sind diese über eine große Fläche verteilt, fällt es üblicherweise schwerer, die Mitglieder zu organisieren, da Treffen aufwendiger und teurer sind. Als weiteres Beispiel können hier auch Kosten genannt werden, die dem Individuum aus der Mitgliedschaft selbst entstehen. So mag die noch immer nicht überwundene soziale Diskriminierung von Homosexuellen auch ein Grund dafür sein, sich nicht aktiv in der Schwulen- und Lesbenbewegung zu engagieren.

Bei der Dimension *Konfliktfähigkeit* geht es darum, dass zusätzlich zur Organisation den Interessengruppen Ressourcen und Machtmittel zur Verfügung stehen müssen, um ihre Interessen im politischen Prozess auch tatsächlich durchsetzen zu können. Offe (1969, S. 169) definiert das zentrale Kriterium: „Konfliktfähigkeit beruht auf der Fähigkeit einer Organisation [...], kollektiv die Leistung zu verweigern bzw. eine systemrelevante Leistungsverweigerung glaubhaft anzudrohen". In der Politikwissenschaft gilt die These, dass moderne Demokratien in einem komplexen gegenseitigen Abhängigkeitsverhältnis mit ihrem jeweiligen – unterschiedlich ausgestalteten kapitalistischen – Wirtschaftssystem verbunden sind. Wenn nun einzelne Interessengruppen in der Lage sind, dieses Verhältnis spürbar zu stören – zumindest aber glaubhaft androhen können, dieses zu stören – lässt sich daraus politische Macht generieren. Wenn z. B. die Arbeitnehmer von ihrem Recht auf Streik bzw. die Arbeitgeberinnen von ihrem Recht auf Aussperrung Gebrauch machen, kann das Wirtschaftssystem empfindlich getroffen werden. Es verwundert daher nicht, dass Offe insbesondere den Arbeitgeberverbänden und den Gewerkschaften ein hohes Maß an Konfliktfähigkeit bescheinigt. Auch hier wird differenziert: Je wichtiger und je folgenreicher die Verweigerung einer gesellschaftlich wichtigen Leistung ist, desto höher ist die Konfliktfähigkeit. So kann bspw. ein Streik der Müllmänner im Hochsommer relativ schnell ‚zum Himmel stinken' (und entsprechenden Protest der Bevölkerung auslösen). Das Personal in den Verkehrsbetrieben, Bahn- oder U-Bahn-Unternehmen, verfügt ebenfalls über eine relative hohe Konfliktfähigkeit, da ihr Streik massive Auswirkungen, z. B. auf den Berufsverkehr, haben kann.

Verfügt eine Gruppe allerdings nicht oder nur eingeschränkt über die Möglichkeit, systemrelevante Leistungen zu verweigern (z. B. Studierende, Obdachlose, Arbeitslose), nutzt ihnen selbst eine hohe Organisationsfähigkeit wenig. Die eher geringen Chancen, ihre Interessen erfolgreich durchzusetzen, können dann allenfalls durch ‚unkonventionelles Verhalten' (zumeist spektakuläre, medienträchtige Aktionen) erhöht werden: Studierende, die massenhaft halb nackt auf ihre prekäre finanzielle Situation hinweisen oder sozial Benachteiligte, die durch Blockieren wichtiger

Verkehrsknotenpunkte ihr ‚Chaos-Potential' (Ruß 2005, S. 47) demonstrieren, sind Beispiele für begrenzte Konfliktfähigkeit. Gerade beim letzteren Beispiel zeigen sich schnell die Grenzen aktionistischen, ‚unkonventionellen Verhaltens': Bei den negativen Auswirkungen einer Chaos-Aktion kann sehr schnell nicht mehr zwischen eigentlichem Gegner und potenziellen Sympathisanten unterschieden werden. Um die eigenen Interessen aber zu befördern, sollten erstere möglichst stark getroffen, das Wohlwollen möglicher Sympathisanten aber nicht verspielt werden. Das ist nicht zuletzt deshalb wichtig, weil die eigenen Forderungen in der politischen Öffentlichkeit und Auseinandersetzung eben auch als legitim akzeptiert werden müssen. Die Art und Weise, wie diese öffentlich geltend gemacht werden, kann dabei durchaus Teil der Akzeptanz (oder Akzeptanzverweigerung) sein.

Zusammenfassend und abschließend kann man sich die Stärke bzw. Schwäche gesellschaftlicher Interessen am eingängigen Beispiel der Fluglotsen verdeutlichen, die eine ausgesprochen starke Interessengruppe darstellen. Es handelt sich hierbei um eine kleine Berufsgruppe, die durch starke professionelle Homogenität und ein hohes Bildungsniveau gekennzeichnet ist. Sie verfügt also über eine hohe Organisationsfähigkeit. Ebenso sind Fluglotsen in hohem Maße konfliktfähig. An den Schlüsselstellen im hochkomplexen System des Flugverkehrs arbeitend kann ein Streik unmittelbar den kompletten Flugbetrieb zum Stillstand bringen. Hohe Organisations- und hohe Konfliktfähigkeit führt also zu einer außerordentlichen Durchsetzungsmacht spezieller Interessen.

7

Überblick über weitere Ökonomische Theorien der Politik

In den vorangegangenen Kapiteln wurden vier Gründungswerke des *public-choice-Ansatzes* vorgestellt. Sie wurden aufgrund ihres Einflusses und ihrer Wirkmächtigkeit auf die gesamte Forschungsrichtung herausgegriffen. Ziel war es, einen ersten Zugang zu den Ökonomischen Theorien der Politik zu verschaffen und zur weiteren Beschäftigung damit zu ermuntern. Dieser erste Zugang kann aber der Vielfältigkeit und Breite der Anwendungsfelder der ökonomischen Theorien nicht gerecht werden. Um wenigstens einen etwas breiteren Überblick zu bekommen, werden in diesem Kapitel weitere Theorien in komprimierterer Form vorgestellt.

7.1 Ökonomische Koalitionstheorien

Im Gegensatz zu Zweiparteiensystemen, in denen nahezu zwangsläufig eine Partei die Mehrheit der Stimmen gewinnt, kommt es in Mehrparteiensystemen häufig vor, dass keine Partei mindestens 50 % plus eine Stimme bekommt. Die Parteien sind dann gezwungen, mit anderen Parteien *Koalitionen* zu bilden, um die erforderliche Mehrheit zu erlangen. Das Problem der Koalitionsbildung ist somit ein wesentlicher Bestandteil demokratischer Mehrparteiensysteme und gehört seit jeher zu den klassischen Fragestellungen der Politikwissenschaft. Es kann daher kaum verwundern, dass auch die *public-choice*-Theorie ihren Beitrag hierzu geleistet hat.

Zur Verdeutlichung der verschiedenen ökonomischen Koalitionstheorien mag man sich ein Parlament mit vier Parteien[1] vorstellen (siehe auch Mueller 2003, S. 28 ff.). Abb. 7.1 zeigt dieses Parlament sowie den jeweiligen Anteil der Parteien an den 100 Parlamentssitzen. Entsprechend parlamentarischer Gepflogenheiten soll die Sitzordnung der ideologischen Links-Rechts-Verortung der Parteien entsprechen.

Die Mehrheit wird in diesem Parlament ab einer Größe von 51 Abgeordneten erreicht. Vorausgesetzt, dass sich die Parteien gegenseitig als Koalitionspartner akzeptieren,

---

[1] Im deutschen Parlamentarismus bilden üblicherweise alle Abgeordneten, die einer Partei angehören, eine ‚Fraktion'. Wir bleiben aber aus umgangssprachlichen Gründen und wegen des üblichen Gebrauchs in der hier relevanten Literatur bei dem Begriff ‚Partei/Parteien'.

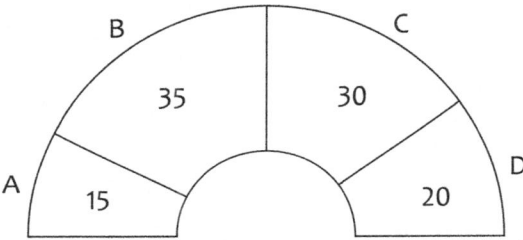

Abb. 7.1 Sitzverteilung in einem Parlament mit 100 Sitzen. (Quelle: Eigene Darstellung; Beispiel konstruiert in Anlehnung an Mueller 2003, S. 280)

sind theoretisch sieben Koalitionen möglich: Eine alle vier Parteien umfassende Koalition (ABCD), vier Drei-Parteien-Koalitionen (ABC, BCD, ABD, ACD) sowie zwei Koalitionen mit nur zwei Parteien (BC, BD). Fragt man sich nun, welche der genannten Koalitionen sich bilden wird, so lassen sich verschiedene Argumente über die Funktionsweise der Bildung ins Feld führen. Die erste ökonomische Konzeptualisierung stammt aus dem Gründungswerk der Spieltheorie von Neumann und Morgenstern (1944). Sie gehen davon aus, dass es letztlich nicht rational ist, mehr Parteien in die Koalition mit aufzunehmen, als zum Erreichen der Mehrheit benötigt werden. Da jede an der Koalition beteiligte Partei auch Anspruch auf bspw. Kabinettsposten oder weitere politische Ämter besitzt, ist es auch intuitiv einleuchtend, nur so viele Parteien aufzunehmen, wie auch wirklich zur Mehrheitserreichung benötigt werden. Im genannten Beispielfall wären ACD (65 Sitze), BC (65) und BD (55) solche *minimal winning coalitions,* also solche, bei denen *das Ausscheiden einer jeden beteiligten Partei zum Verlust der Mehrheit führt.*

Hieran anknüpfend modelliert William Riker in seinem Klassiker „The Theory of Political Coalitions" (1962) die Koalitionsbildung auf Grundlage der Spieltheorie. Der politische Prozess wird hier als ein *Nullsummenspiel* aufgefasst: Jeder Gewinn des einen ist automatisch auch der Verlust des oder der anderen. Auf dieser Grundlage kommt er zu dem Schluss, dass sich die *kleinste* (bezogen auf die Sitzanzahl) *minimal winning coalition* bilden wird *(minimum winning coalition)*. Im Beispiel wäre dies die Koalition aus B und D (55 Sitze).

Die Tatsache, dass im eben genannten Beispiel das Lösungskonzept der *minimum winning coalition* eine Koalition vorhersagt, welche aus zwei Parteien besteht, die auf der ideologischen Links-Rechts-Achse nicht beieinander liegen, ist bereits ein Hinweis auf die problematische *office-seeking-Orientierung* dieser Theorien. In Anlehnung an Downs (1968) wird hier unterstellt, dass das einzige Handlungsziel von Parteien die Stimmenmaximierung ist und die dadurch mögliche Übernahme der Regierungs(ämter). Die bisher genannten Ansätze orientieren sich also einzig an der Größe der Koalition und ignorieren völlig die ideologischen Standpunkte und Politikziele der Parteien. Wäre dies rechnerisch möglich, so würde theoretisch auch eine Koalition aus A und D, also der beiden Extremparteien, zustande kommen.

Andere Theorien konstruieren ihre Modelle daher auf Grundlage einer *policy-seeking-Annahme* (siehe z. B. Axelrod 1970; de Swaan 1973). Davon ausgehend, dass Parteien auch spezifische politische Inhalte, spezifische Politiken durchsetzen wollen, die möglichst stark ihren ideologischen Präferenzen entsprechen, ergibt sich ein neues

Bild der Koalitionsbildung. Diese folgt dann weniger dem Größenprinzip als dem Prinzip der Minimierung der zu überbrückenden ideologischen Distanz. Im Beispiel präferiert die Partei B dann eine Koalition mit C vor derjenigen mit D, da sie näher an ihrer eigenen ideologischen Position liegt, auch wenn die Größe der Koalition somit ansteigt.

Die Koalitionstheorie hat sich im Laufe der Zeit immer weiter ausdifferenziert und verfeinert. So wurden bspw. sowohl zwei- bzw. mehrdimensionale Politikraummodelle erarbeitet als auch stärker akteurszentrierte Ansätze entwickelt. Ein gelungener Überblick über die empirische Erklärungsperformanz findet sich bei Mueller (2003, S. 283).

7.2 Abwanderung und Widerspruch

Üblicherweise entwickelt sich in jeder Organisation, sei sie nun politischer (wie bspw. Parteien, Lobbygruppen etc.) oder eher gesellschaftlicher Natur (Sportclubs etc.), ab einer bestimmten Größe eine institutionalisierte Führungsgruppe heraus. Der wichtigste Grund dafür ist, dass es nicht mehr zweckmäßig ist, jede organisationsrelevante Entscheidung von allen Mitgliedern direkt treffen zu lassen. Solche Führungsgruppen (Vorstand/Rat/Vorsitzende/Direktorat/Geschäftsführung etc.) erhalten in der Regel bestimmte Gestaltungsspielräume, die sie auch für Entscheidungen nutzen können, die nicht von allen Mitgliedern geteilt werden. Albert Hirschman (1970, deutsch 1974) hat in seinem Buch mit dem programmatischen Titel „Abwanderung und Widerspruch. Reaktionen auf Leistungsabfall bei Unternehmungen, Organisationen und Staaten" untersucht, auf welche Weise Mitglieder ihren Unmut über die Organisation zum Ausdruck bringen können, welche Folgen dies hat und in welcher Wechselwirkung die beiden grundlegenden Reaktionsformen ‚Abwanderung' und ‚Widerspruch' zueinander stehen.

Bei Abwanderung *(exit)* handelt es sich um einen klassisch ökonomischen Lenkungsmechanismus in Konkurrenzsystemen (Lehner 1981, S. 97). Wer bspw. mit seiner sonst bevorzugten Seife nicht mehr zufrieden ist, wird in Zukunft eher ein Konkurrenzprodukt nachfragen. Ähnliches gilt aber auch bei Unzufriedenheit mit (z. B. politischen) Organisationen: Ist bspw. ein Parteimitglied unzufrieden mit der programmatischen Entwicklung seiner Partei, so hat es die Option, aus dieser Partei auszutreten und so der Führung seinen Unmut zu zeigen. Da die Organisation dadurch an Ressourcen verliert, wäre zu erwarten, dass der Abwanderung angemessen begegnet und hierauf – bestenfalls mit einer Leistungssteigerung – reagiert wird.

Hirschman hingegen argumentiert, dass Abwanderung nicht zwingend zu einer Leistungssteigerung führt: So mag der Ausstieg einiger weniger Mitglieder zunächst überhaupt keine Reaktion hervorrufen. In politischen Organisationen kann dies sogar von Vorteil sein, weil hierdurch etwa das interne Konfliktniveau und -potenzial gesenkt wird. Eine massive Abwanderung von Mitgliedern hingegen kann einer Organisation so viele Ressourcen entziehen, dass eine Leistungssteigerung gar nicht mehr möglich ist. Nur eine mittelgroße Abwanderung mag die gewünschte Leistungserhöhung bzw. die Wiederherstellung früherer Leistung(en) anstoßen.

Wo Abwanderung nicht möglich (z. B. bei Monopolorganisationen) oder mit hohen Kosten verbunden ist, kommt die Alternative Widerspruch *(voice)* ins Spiel. Beispiele hierfür wären Beschwerdebriefe oder Protestaktionen. Im Gegensatz zur Abwanderung – ein binäres Entweder-oder – kann Widerspruch auch abgestuft erfolgen (vgl. Dowding et al. 2000, S. 471). Der Vorteil an der Reaktionsform Widerspruch liegt für die Organisation weiterhin insbesondere darin, dass sie hierdurch genauere Informationen über die Ursachen der Unzufriedenheit erhält. Im Falle von Abwanderung kann sie darüber hingegen nur spekulieren. Allerdings ist auch hier das Ausmaß zu beachten: Bedienen sich viele Mitglieder eben dieser Reaktionsweise, so muss die Organisation viel Energie darauf verwenden, die so entstehenden internen Konflikte zu regulieren, zu kanalisieren und auf ein erträgliches Maß abzumildern.

Interessant ist nun insbesondere die Wechselwirkung zwischen diesen beiden Reaktionsformen: Es lässt sich plausibel von einer generellen *Substituierbarkeit* ausgehen. Die Wahrscheinlichkeit des Auftretens von Widerspruch steigt mit den Kosten bzw. der Erfolgsunwahrscheinlichkeit von Abwanderung, und umgekehrt. „Je nach Wanderungskosten und Auswahlmöglichkeiten, je nach Kosten und Erfolgsaussichten des Widerspruchs werden die Mitglieder mehr oder weniger durch Abwanderung und/oder Widerspruch auf ihnen nicht genehme Kollektiventscheidungen reagieren" (Kirsch 2004, S. 60). Organisationen, die eine der beiden Möglichkeiten, seinem Unmut Ausdruck zu verleihen, unmöglich machen, mit hohen Kosten belegen oder die Erfolgsaussichten stark einschränken, laufen daher Gefahr, dadurch geschwächt zu werden, dass die jeweils andere Reaktionsform überproportional in Anspruch genommen wird. Dadurch können für die Organisationen ganz erhebliche negative Auswirkungen entstehen: Ressourcenentzug durch Abwanderung oder hohes Konfliktniveau durch Widerspruch.

Gewissermaßen als ein wichtiges ‚Gelenk' zwischen Abwanderung und Widerspruch führt Hirschman zusätzlich noch den Faktor ‚*Loyalität*' ein. „In der Regel hemmt […] die Loyalität die Neigung zur Abwanderung und aktiviert den Widerspruch" (Hirschman 1974, S. 67). Es handelt sich also um eine positive Haltung zu einer Organisation, die von kurzfristigen Leistungsschwankungen unabhängig ist. Die abgeschwächte Abwanderungswahrscheinlichkeit ist allerdings verbunden mit einem schärferen Widerspruch, der zudem von der Organisation weniger leicht ignoriert werden kann: Loyale Mitglieder können durch eine *Abwanderungsdrohung* ihrem Widerspruch deutlich mehr Gewicht verleihen.

Eine äußerst lesenswerte Übertragung seiner eigenen Theorie liefert Hirschman (1992) in einem Essay über den Zusammenbruch der DDR. Es handelt sich hier um einen historischen Anwendungsfall für seine Theorie, in welchem über einen langen Zeitraum beides gleichzeitig verhindert wurde: Abwanderung (durch Mauerbau) und Widerspruch (durch Unterdrückung der Opposition). Als sich für die Bevölkerung kurzfristig eine Möglichkeit bot, kam es aus der Sicht Hirschmans zu einem für die DDR letztlich nicht mehr kanalisier- und kontrollierbaren Übermaß *beider* Reaktionsformen.

7.3 Ökonomische Föderalismustheorie

Die ökonomischen Theorien des Föderalismus (Klassiker hier sind bspw. Oates 1972; Breton und Scott 1978; oder auch Olson 1969) unterscheiden sich, wie so häufig, durch einen jeweils speziellen Blickwinkel auf das Phänomen. Dieser unterscheidet sich üblicherweise deutlich von den bspw. politikwissenschaftlichen oder historischen Betrachtungsweisen. So beschäftigt sich die klassische Politikwissenschaft insbesondere mit den Aspekten der vertikalen Machtbegrenzung und dem Zusammenarbeiten und -wirken der unterschiedlichen politischen Ebenen. Die Geschichtswissenschaft hingegen konzentriert sich eher auf die historische und identitätsstiftende Entstehung und Entwicklung regionaler/subnationaler Einheiten und ihre Bedeutung für die nationale Ebene.

Der ökonomische Fokus liegt dem gegenüber insbesondere auf der *Bereitstellung öffentlicher Güter*. In der klassischen Theorie öffentlicher Güter sind diese charakterisiert durch Nicht-Ausschließbarkeit und Nicht-Rivalität im Konsum (siehe Kap. 6). Zudem wird angenommen, dass alle Bürgerinnen den gleichen Nutzen aus einem bereitgestellten öffentlichen Gut ziehen. Die ökonomische Föderalismustheorie erweitert diese Sichtweise um den ‚Raum'-Aspekt. Denn nicht jedes öffentliche Gut stiftet jedem Bürger unabhängig von seinem geografischen Standort in gleichem Maße einen Nutzen, wie dies z. B. bei der Gewährleistung der äußeren Sicherheit durch eine Armee der Fall ist. So, um ein einfaches Beispiel zu wählen, nimmt bspw. der Nutzen eines öffentlich aufgestellten

Kunstwerks o. ä. für einen Bürger mit steigender geografischer Entfernung ab. Wer erst mehrere hundert Kilometer fahren muss, um das Kunstwerk zu sehen, hat einen geringeren Nutzen als jemand, in dessen Stadt es steht.

Die ökonomische Föderalismustheorie beschäftigt sich also, etwas technischer ausgedrückt, mit denjenigen öffentlichen Gütern, die nur einer räumlich begrenzten Teilmenge der Bevölkerung zugute kommen, und fragt danach, was der optimale Entscheidungs-, Finanzierungs- und Bereitstellungsort hierfür ist. Auf diese Weise ist sie in der Lage, theoretisch fundierte Kriterien hinsichtlich einer optimalen institutionalisierten Aufgabenteilung auf verschiedene staatliche Ebenen zu liefern. Hierbei ist natürlich zu beachten, dass die Theorie im Wesentlichen auf den funktionalen Aspekt der Aufgabenteilung zwischen verschiedenen politischen Ebenen abzielt und so historisch gewachsene Gegebenheiten, Regionalidentitäten oder politische Überlegungen völlig ausblendet. Ein mehrstufiger Staatsaufbau mit jeweils verschiedenen Zuständigkeiten ist aus dieser Perspektive also immer Mittel zum Zweck einer möglichst effizienten und optimalen Güterbereitstellung. Als Wert an sich, bspw. zur Gewährleistung der Autonomie bestimmter Volksgruppen, wird eine föderale Staatsorganisation nicht betrachtet.

Ein wichtiges Kriterium ökonomischer Föderalismustheorien für die Frage, ob (und wenn ja wie) ein föderaler Staat aufgebaut sein soll, ist die Kongruenz von Entscheiderinnen, Betroffenen und Finanziers: Gibt es bspw. Entscheidungsbefugte und Nutznießer eines räumlich begrenzten öffentlichen Gutes, die nicht zu seiner Finanzierung herangezogen werden, so besteht die Gefahr einer ineffizienten, nicht Pareto-optimalen Bereitstellung. Man spricht auch von einem grenzüberschreitenden sog. ‚Nutzen-Spillover' – der Begriff verweist darauf, dass der Nutzen über den Kreis derjenigen, die sich an der Bereitstellung des Kollektivgutes beteiligen, ‚hinausläuft'.

Ein weiterer Aspekt behandelt mögliche regional unterschiedliche Präferenzen. Der Bedarf nach bestimmten öffentlichen Gütern mag sich in manchen Regionen hinsichtlich der Art und Menge unterscheiden. Damit die Präferenzunterschiede berücksichtigt werden können, bietet sich in diesem Fall eine dezentrale Organisation dieser Güterbereitstellung an. Mit einer zentralen Bereitstellung wäre es ohne weiteres nicht möglich, diesen Unterschieden Rechnung zu tragen. Auch hier droht also die Gefahr einer nicht Pareto-optimalen Bereitstellung.

Das klassische föderalistische Prinzip der *Subsidiarität* erhält durch die ökonomische Theorie des Föderalismus eine ökonomische Präzisierung. Das heißt, es wird ein klarer Maßstab dafür angegeben, in welchen Fällen eine niedrigere Ebene ein öffentliches Gut ‚besser' bereitstellen kann und in welchen Fällen nicht: Existieren Nutzen-Spillover – d. h. gibt es Konsumenten eines öffentlichen Gutes, die nicht zu seiner Bereitstellung beitragen – so spricht dies in der Regel für eine Verlagerung auf eine höhere Ebene. Gibt es regional unterschiedliche Präferenzen, so ist (aus ökonomischer Perspektive) häufig eine dezentrale Lösung besser.

Infokasten 7.1: Subsidiarität

Subsidiarität bezeichnet ein (von der katholischen Soziallehre entliehenes) Prinzip, das die Eigenleistung und

> die Selbstbestimmung sowohl des Individuums (und der Familien) als auch der Gemeinschaften (z. B. der Kommunen) fördern will. Das Subsidiaritätsprinzip fordert, dass staatliche Eingriffe (EU, Bund) und öffentliche Leistungen grundsätzlich nur unterstützend und nur dann erfolgen sollen, wenn die jeweils tiefere hierarchische Ebene (Länder, Kommunen, Familien) nicht in der Lage ist, die erforderliche (Eigen-)Leistung zu erbringen. Das Subsidiaritätsprinzip spielt vor allem in der Bildungs- und Sozialpolitik eine wichtige Rolle und ist ein wesentliches Element des europäischen Integrationsprozesses.
> (Quelle: Schubert und Klein 2018)

Weitere ökonomische Föderalismustheorien beschäftigen sich mit darüber hinausgehenden Aspekten eines dezentralen Staatsaufbaus, wie z. B. dem eines regionalen Wettbewerbs zwischen den Gebietskörperschaften, oder verfeinern die hier nur stark verkürzt dargestellten Überlegungen, indem sie bspw. Verhandlungslösungen zur Spillover-Problematik diskutieren.[2]

7.4 Prinzipal-Agent-Theorie

Die Prinzipal-Agent-Theorie, auch ökonomische Theorie der Vertretung genannt, ist neben der Transaktionskostentheorie und der *property-rights-Theorie* (siehe Infokasten 7.2) eine der drei Hauptströme der sog. neuen

---

[2]Für einen Überblick über die Forschungsdebatte siehe Mueller (2003, S. 209–229).

Institutionenökonomik. Institutionen werden hier – in einem weiteren Sinne als in der Umgangssprache gebräuchlich – verstanden als soziale Regel- und Normsysteme zur Herstellung oder Durchführung eines bestimmten Zwecks. Etwas weniger technisch ausgedrückt könnte man sie auch als „auf Dauer gestellte Problemlösungen" (Schubert und Bandelow 2009, S. 17) bezeichnen. Die institutionellen Gegebenheiten, unter denen (rationale) Akteure handeln, werden in den meisten ökonomischen Theorien entweder ignoriert oder konstant gehalten. Die neue Institutionenökonomik macht diese selbst zum Gegenstand, indem sie ihre Entstehung, Wandel und Wirkungsweisen untersucht.

> **Infokasten 7.2: Transaktionskostentheorie und *property-rights-Theorie***
>
> Die Transaktionskostentheorie beruht auf dem Grundgedanken, dass der Preismechanismus auf dem Markt nicht kostenlos zu haben, sondern mit Transaktionskosten verbunden ist. So entstehen z. B. vor Vertragsabschluss Informations- und Suchkosten, Kosten bei Abschluss des Vertrages, bspw. Entscheidungsfindungskosten sowie möglicherweise Überwachungskosten, die erst nach Vertragsabschluss entstehen (vgl. Behrends 2001, S. 89). Ökonomische Institutionen können aus dieser Perspektive als Einrichtung zur Einsparung von Transaktionskosten interpretiert werden (vgl. Williamson 1985).
> Der *property-rights-Ansatz* interpretiert ökonomische Transaktionen als eine Übertragung von Eigentums- und Verfügungsrechten. Wer ein Gut besitzt, verfügt über eine Reihe von *property-rights* an diesem Gut. Bei einer Transaktion werden diese Rechte übertragen, „so daß der Güterwert auch von den übertragenen Rechten bestimmt wird" (Behrends (2001, S. 91). Zu beiden Theoriesträngen siehe Behrends (2001, S. 87–92).

Die Prinzipal-Agent-Theorie fragt nun nach den besonderen Eigenschaften und Funktionslogiken der Beziehung zwischen einer Auftraggeberin (,Prinzipal' genannt), die eine bestimmte Aufgabe an einen Auftragnehmer (,Agent') überträgt. Das klassische ökonomische Beispiel hierfür ist die Beziehung zwischen der Eigentümerin eines Unternehmens und einem Geschäftsführer: Erstere überträgt letzterem die Aufgabe, das Unternehmen wirtschaftlich verantwortungsvoll zu leiten. Aber auch im politischen Bereich ist dies ein alltägliches Phänomen. So werden bspw. politische Entscheidungen üblicherweise von dafür zuständigen Beamten in die Praxis umgesetzt. Hinsichtlich der Entscheidung sind die Politikerinnen gefragt (Prinzipal), hinsichtlich der Implementation der öffentlichen Aufgabe dagegen die Beamten bzw. entsprechenden Bürokraten (Agent), die eben diese Aufgabe im Sinne der Politikerinnen erfüllen sollen (siehe hierzu auch den folgenden Abschnitt zur ökonomischen Bürokratietheorie).

Die Grundproblematik dieses Verhältnisses von Vertreter (Agent) und Vertretener (Prinzipal) liegt nun darin, dass sie beide als rationale Nutzenmaximierer nicht übereinstimmende Interessen haben. So ist es durchaus plausibel anzunehmen, dass die Eigentümerin eines Unternehmens dieses sorgfältiger führt als ein angestellter Manager, der z. B. eher ein Interesse an einer möglichst geringen Arbeitsbelastung hat (vgl. Erlei et al. 2007, S. 74). Letztlich mag die Delegation von Aufgaben demnach zu suboptimalen Ergebnissen führen. Dies bezeichnet man als *Agency-Problem*.

Verstärkt wird diese Problemlage insbesondere durch eine häufig vorhandene Informationsasymmetrie: In der

Regel verfügt der Agent gegenüber dem Prinzipal über mehr und konkretere Informationen, bspw. hinsichtlich bestimmter Handlungsfolgen oder der Einschätzung von Handlungskontexten. Auch besitzt er in der Regel eine höhere Sachkompetenz (vgl. Behrends 2001, S. 93). Eine Einschätzung bezüglich der Frage, ob der Agent auch wirklich die genuinen Interessen des Prinzipals vertritt oder dies vielleicht nur behauptet, ist also für letzteren nur eingeschränkt möglich. Die Prinzipal-Agent-Theorie vermag aber, durch die Analyse von Anreizsystemen und Kontrollmechanismen, Auswege aus Agency-Problem aufzuzeigen.

7.5 Ökonomische Bürokratietheorie

Bürokratien genießen zwar manchmal in der öffentlichen Meinung einen etwas zweifelhaften Ruf, ihre Fachkompetenz gehört aber unbestritten zu den wesentlichen Bestandteilen eines jeden Gemeinwesens. Insbesondere obliegen ihnen vielfältige Aufgaben bei der Verwaltung, Durchführung und Kontrolle der öffentlich-staatlichen Aufgaben. Sowohl die schiere quantitative Größe des durch sie verwalteten öffentlichen Sektors wie auch ihre qualitative Bedeutung für den einzelnen Bürger lassen eine Beschäftigung mit der Bürokratie geradezu geboten erscheinen. Die ersten, die sich aus einer ökonomischen Perspektive mit dem Phänomen von Bürokratien und ihrer Funktionsweise beschäftigten, waren Gordon Tullock (1965) und Anthony Downs (1967). Hieran anknüpfend war es William Niskanen (1971), der eine einflussreiche systematische Analyse auf Grundlage des *public-choice*-Ansatzes entwickelte.

Niskanens Bürokratiemodell beruht auf mehreren Grundannahmen. Zunächst handeln Bürokratien nicht in einem marktgesteuerten, sondern in einem nicht-marktlichen Umfeld. Definitionsgemäß finanzieren sie sich daher auch nicht durch am Markt erzielte Profite, sondern durch regelmäßige Zuwendungen vonseiten der (staatlichen oder parastaatlichen) Finanzierungsagentur(en). Die Verbindung von Bürokratie und Finanzierungsagentur ist durch ein doppeltes Monopol gekennzeichnet: Erstere hat für gewöhnlich ein Monopol für die Bereitstellung der entsprechenden Leistungen, letztere ist ihre einzige Finanzierungsmöglichkeit. Hinzu kommt, dass öffentliche Bürokratien eher selten – anders als Unternehmen – Gütereinheiten zu einem bestimmten Preis anbieten, sondern zuvorderst einen *Gesamtoutput* für ein bestimmtes Budget liefern. So erbringt bspw. das Verteidigungsministerium die Gesamtleistung ‚äußerer Frieden' (Output) für den festgelegten Verteidigungshaushalt (Budget).

Die fundamentale Verhaltensannahme ist nun die des *budgetmaximierenden Bürokraten*. Zwar streben Bürokratinnen ein ganzes Bündel verschiedener Ziele an (z. B. Macht, Einkommen, Ansehen etc.), diese sind aber, so Niskanen, in positiver Weise mit dem zur Verfügung gestellten Budget verbunden. Um also ihre jeweiligen Ziele optimal verfolgen zu können, ist es für Bürokraten rational, in den Verhandlungen mit der Finanzierungsagentur ein möglichst hohes Budget anzustreben.

In diesen Verhandlungen über die zukünftigen Zuwendungen führen nun die spezifischen, oben genannten Eigenschaften des Verhältnisses von Bürokratien und Finanzierungsagenturen dazu, dass erstere Vorteile aus der *strukturellen Informationsasymmetrie* ziehen können (vgl. hierzu den vorherigen Abschnitt zur Prinzipal-Agent-Theorie). Die Finanzierungsagenturen sind nicht oder nur eingeschränkt in der Lage zu beurteilen, ob und welche Effizienz sich aus dem Verhältnis von Gesamtoutput und Gesamtbudget ergibt. Sie haben keine ausreichende Grundlage, auf der sie bewerten könnten, ob ein bestimmter Output nicht vielleicht mit einem kleineren als von der Bürokratie angegebenen Budget zu erreichen ist, da sie nicht wissen, welches die Minimalkosten der Produktion sind. Diese Vorteile können die Bürokratien dazu nutzen, ihr Budget zu maximieren. Aus Sicht der ökonomischen Theorie der Bürokratie führt dies letztlich zu einer Überproduktion und ineffizienten Bereitstellung öffentlicher Leistungen durch die Bürokratien. Hier findet das gern geäußerte Vorurteil der Ineffizienz und Nachfragemissachtung bürokratischer Verwaltung seine theoretische Bestätigung.

Wie bei so vielen ökonomischen Theorien der Politik entzündete sich auch hier die nachfolgende Diskussion an der möglichen Abschwächung oder Modifizierung der ursprünglichen Annahmen. Migue und Belanger (1974) argumentieren z. B., dass das Maximierungsziel von Bürokratien weniger das Gesamtbudget als solches ist, sondern vielmehr derjenige Teil, über den Bürokraten mehr oder weniger frei verfügen können, das sog. *discretionary budget*. Dieses lässt sich als Differenz zwischen Gesamtbudget und Minimalkosten der Bereitstellung definieren (vgl. Hindmoor und Taylor 2015, S. 185). Niskanen (1991) hat dieses Argument später akzeptiert.

Nur wenige Werke der politikwissenschaftlichen Forschung haben einen so deutlichen (wenn auch indirekten) Einfluss auf tatsächliches Regierungshandeln gehabt wie das von Niskanen. Seine Überlegungen trafen in den 1970er und 1980er Jahren, insbesondere in den USA und Großbritannien, auf ein intellektuelles Klima, welches von einer Betonung der Grenzen staatlicher Handlungs- und Steuerungsfähigkeit geprägt war. Entsprechend wurde es, ebenso wie Rent-seeking (s. u. Abschn. 7.6), als Begründungselement für Haushaltskürzungen und Privatisierungen herangezogen (vgl. Hindmoor und Taylor 2015, S. 190). Auch floss Niskanens Analyse in die Entwicklung des sogenannten *New Public Managements* ein, welches für staatliche Verwaltungsarbeit eine stärkere Management-, Ergebnis- und Leistungsorientierung sowie Eigenverantwortlichkeit empfiehlt.

7.6 Rent-seeking

Die ökonomische Theorie des *rent-seeking*, seltener auch als ,Renten suchendes Verhalten' bezeichnet, wurde als erstes von Gordon Tullock (1967) in einem berühmten Aufsatz entwickelt, ohne dass er allerdings diesen Begriff selbst verwendet. Der heute gebräuchliche Name stammt von Anne Krueger (1974). ,Renten' dürfen hier allerdings nicht wie im Alltagsgebrauch als den Lebensabend finanzierende regelmäßige Zahlungen aus der Altersversorgung verstanden werden. Es ist vielmehr ein wirtschaftswissenschaftlicher Fachbegriff, der auf ein Einkommen bezogen ist, das nicht aus eigener produktiver Leistung entsteht, sondern durch die entsprechenden Leistungen anderer finanziert wird (vgl. Behrends 2001, S. 86).

Hier schließt sich sofort die Frage nach der Grundlage solcher ‚Renten'-Zahlungen an. Wie kann man ein Einkommen erhalten, für welches es keine produktive Gegenleistung gibt? Als klassisches Beispiel können hier Renten genannt werden, die durch eine Monopolstellung entstehen. Wird ein Gut von einem Monopol angeboten, so kann dieses in der Regel einen höheren Preis hierfür verlangen als unter Wettbewerbsdruck. Der Teil des Gewinns, der durch den höheren Preis erlangt wird, also auf die Monopolstellung zurückzuführen ist, stellt hierbei nun die Rente dar. Ein anderes Beispiel mögen Steuererleichterungen für einzelne Berufsgruppen sein: Werden die Mindereinnahmen durch eine Steuererhöhung anderer Bevölkerungsgruppen ausgeglichen, stellt der Betrag, den die betroffenen Individuen durch die Steuererleichterung einsparen, eine Rente dar, und zwar letztlich auf Kosten der höher Besteuerten.

Rent-seeking beschreibt dementsprechend (im Gegensatz zum *profit-seeking*) ein Verhalten, welches versucht, durch den Einsatz von Ressourcen einen höheren als marktmäßig erreichbaren Ertrag, eine Rente im eben genannten Sinne, zu erhalten. Solche Bemühungen richten sich in erster Linie an den Staat: Dieser kann

- den Wettbewerb in bestimmten Wirtschaftssektoren einschränken,
- ganz verhindern (also Monopole vergeben) oder
- durch Umverteilungsmaßnahmen bestimmte Gruppen auf Kosten anderer bevorzugen.

Durch den Einsatz von Lobbying, politischen Druck oder gar Bestechung als Instrumente des *rent-seeking* kann versucht werden, vorteilhafte Gesetze und/oder Regelungen zu erreichen.

In der neoklassischen Wirtschaftstheorie wird traditionellerweise argumentiert, dass ein perfekt funktionierender Markt zu optimalen, wohlfahrtsmaximierenden Ergebnissen führt. Jede Abweichung hiervon, bspw. durch eine Monopolstellung, führt dagegen zu Effizienzeinbußen, die man als Verlust an gesellschaftlichen Nutzen auffassen kann. Ebenso entsteht dem Monopolinhaber, wie oben beschrieben, hierdurch eine Rente.[3] Allerdings gilt zu bedenken, dass Monopole nicht vom Himmel fallen, sondern, zumindest in manchen Fällen, etwa politisch eingerichtet und staatlich geschützt werden. Renten lassen sich daher letztlich als Gewinn aus einem Monopol auffassen. Für Individuen ist es daher rational, Ressourcen aufzuwenden, um den Zuschlag für ein Monopol zu erhalten. Dies tun sie genau so lange, wie die *rent-seeking*-Kosten (Kosten des Lobbybüros, Informationskosten, ggf. Bestechungsgelder etc.) nicht die Rente übersteigen. Anders ausgedrückt: Das Nutzen maximierende Individuum ist letztlich bereit, so viel für den Erhalt des Monopols auszugeben, wie das Monopol wert ist.

Die entscheidende Schlussfolgerung aus diesem im Prinzip recht einfachen Grundgedanken liegt nun darin, dass nicht nur die oben beschrieben Effizienzeinbußen

---

[3]Für eine ausführlichere Darstellung dieses hier nur stark gekürzt dargestellten Zusammenhanges sei auf Mueller (2003, S. 333 f.) oder Hindmoor und Taylor (2015, S. 167–169) verwiesen.

einen gesellschaftlichen Wohlfahrtsverlust darstellen, sondern auch die *rent-seeking*-Kosten. Die für die Erlangung von Renten aufgebrachten Ressourcen werden nicht in produktiver Art und Weise eingesetzt, sondern günstigstenfalls zur Vorteilserlangung in einem Nullsummenspiel. Hierbei werden schlicht Ressourcen zwischen Gesellschaftsmitgliedern hin- und herverteilt. Tollison (1997, S. 508) bringt den Gedanken kurz und bündig auf den Punkt: „Rent seeking is unproductive; it destroys value by wasting valuable resources."

Die *rent-seeking*-Theorie wurde in vielfältiger Weise weiterentwickelt und präzisiert und stellt heute eine eigene Unterdisziplin Ökonomischer Theorien der Politik dar. So entwickelten sich z. B. Debatten darüber, ob bzw. inwieweit die Renten letztlich wirklich, wie von Tullock ursprünglich angenommen, komplett durch *rent-seeking*-Aktivitäten vergeudet werden. Auch wird diskutiert, welche Ausgaben man nun mit guten Gründen als *rent-seeking* bezeichnen kann und welche nicht. Einen Überblick über die verschiedenen Diskussionsstränge und den Stand der Forschung liefern Hindmoor und Taylor (2015, Kap. 7) und, wie so oft, Mueller (2003, S. 333–358).

8

Kritik

Ökonomische Theorien der Politik wurden auf eine Vielzahl von politischen Phänomenen angewandt und haben bemerkenswerte, innovative Einsichten zutage befördert. Den *public-choice*-Forschern Kenneth Arrow (1972), James Buchanan (1986) und Amartya Sen (1998) wurden Nobelpreise zuerkannt. Aus den hier dargestellten Theorien – und weiterer, die hier nicht angesprochen werden konnten – ist eine politisch-ökonomische Forschungsfamilie entstanden, deren Ergebnisse beständig wertvolle Erkenntnisse und Einsichten über politische Strukturen, Prozesse und Inhalte liefern. Manchen – wohlgemerkt nicht allen – ihrer Vertreterinnen scheint die *rational-choice*-Theorie gar die einzige Theorie zu sein, die das Potenzial hat, die gerade auch in der Außendarstellung oftmals als hinderlich empfundene *Multiparadigmatik* der Sozialwissenschaften zu durchbrechen. Die Theorie eigne sich – so äußern immer wieder Vertreter des *rational choice* – als einendes Paradigma, unter dessen Schirm sich die jeweiligen sozialwissenschaftlichen Einzeldisziplinen und Forschungsrichtungen methodisch versammeln könnten. Der alte Traum von der ‚Einheit der Sozialwissenschaften' klingt hier durch.

Diese Hoffnung mag aus der Binnenperspektive der *rational*-choice-Theorie und mit Blick auf die vielen Erfolge ökonomischer Erklärungen nachvollziehbar sein. Zustimmung oder gar breite Unterstützung dieses Fernzieles findet der ökonomische Ansatz in den Sozialwissenschaften aber eher selten. Ganz im Gegenteil haben ökonomische Theorien seit jeher viel Widerspruch und Kritik erfahren. Diese zielen nicht nur auf die paradigmatischen Ambitionen, sondern allgemeiner auch auf den propagierten Mehrwert bei der Erklärung politischer Phänomene. Verständlicherweise haben diese Gegenpositionen auch wieder verteidigende Kritik provoziert und damit wiederholt breite wissenschaftstheoretisch-methodische Debatten ausgelöst (für die politikwissenschaftliche Methodendebatte siehe exemplarisch Shapiro et al. 2004). Diese Auseinandersetzungen werden von beiden Seiten nicht immer nur mit fairen Argumenten geführt. So stoßen sich Kritiker bspw. an der – wahrgenommenen oder tatsächlichen – Arroganz und Überheblichkeit, mit der *rational-choice*-Theoretiker ihren Forschungsansatz als ‚einzig wissenschaftlichen' verkünden. Diese wiederum werfen ihren Kritikern ein – wahrgenommenes oder tatsächliches – Missverständnis der Erklärungs- und Funktionsweise ökonomischer Theorien vor (siehe hierzu auch Dylla 2007, S. 1165 f.).

8 Kritik

Versucht man aber Darstellung und Diskussion, Kritik und Kritikentgegnung gleichermaßen wiederzugeben, gleicht das, etwas flapsig ausgedrückt, dem ‚Topfschlagen im Minenfeld': Im Zweifel verscherzt man es sich mit beiden Seiten. Wir vertreten allerdings die Auffassung, dass es auf der Ebene einer Einführung notwendig ist, sowohl die Reichweite und Potenziale einer Forschungsrichtung darzustellen, als auch deren Kritik und Grenzen zu reflektieren. Aus unserer Sicht ist ein simples ‚Entweder-oder' bzw. ein ‚Sich-auf-eine-Seite-schlagen-müssen' außerordentlich wenig hilfreich und sowohl für das Studium als auch für eine kritische Auseinandersetzung kaum fruchtbar. Vielmehr ist es zielführender, diesem Lagerdenken ein ‚Sowohl-als-auch' entgegenzusetzen. Dementsprechend plädieren wir hier für einen zeitgemäßeren Methodenpluralismus. Unser Ziel ist es daher nicht, die Kritik zu bestätigen (und damit dazu beizutragen, ökonomische Theorien aus dem methodischen Werkzeugkasten der Sozialwissenschaften zu verbannen) *oder* die Kritik zu widerlegen (um einer weiteren Etablierung den Weg zu bereiten). Vielmehr wollen wir aufzeigen, dass dieser Auseinandersetzung grundsätzlich divergierende Wissenschaftsverständnisse zugrunde liegen. Daher erscheint auch eine Diskussion über die Vorteile der jeweils präferierten Vorgehensweise wenig zielführend. Vielmehr soll eine Lanze für die Komplementarität und wechselseitige Ergänzung mehrerer verschiedener theoretischer Ansätze gebrochen werden.

Für dieses Vorhaben ist es sinnvoll, zunächst zwei unterschiedliche Ebenen der Kritik zu unterscheiden:

1. *Interne* Kritik von wirtschaftswissenschaftlicher Seite auf der Basis sog. ‚Anomalien', die am grundlegenden Konzept des homo oeconomicus festhalten und es durch Anpassung an empirische, verhaltenswissenschaftliche Erkenntnisse verbessern wollen.
2. *Externe* Kritik, die grundlegende Einwände gegen die ökonomischen Methode auf der Basis sog. ‚Pathologien' formuliert.

In Abschn. 8.1 sollen zunächst in aller gebotenen Kürze die unter dem Stichwort ‚behavioral economics' diskutierten Erweiterungen und Abwandlungen des klassischen homo oeconomicus-Modells dargestellt werden. Hierbei handelt es sich um eine wirtschaftswissenschaftliche Grundlagendebatte, die zwar einige wesentliche Veränderungen vornimmt, letztlich aber genuin im vorgegebenen ökonomischen Rahmen bleibt.

Der Schwerpunkt dieses Kapitels liegt mit den Abschn. 8.2 und 8.3 allerdings auf der externen Kritik, da hier grundsätzlicher und radikaler das ökonomische Wissenschaftsverständnis angegriffen wird und noch mehr ‚Stoff zum Nachdenken' geliefert wird.

Im Bereich der externen Kritik ist es erneut sinnvoll, verschiedene Kritik-Dimensionen zu unterscheiden.

1. Kritik an der *Anwendung* ökonomischer Theorien, die den klassischen und auch selbst auferlegten Anforderungen an wissenschaftliche Güte nicht gerecht werden;
2. *Methodologische* Kritik, die ökonomischen Theorien inhärente und somit unauflösliche Probleme bei der

wissenschaftlichen Erklärung menschlichen Verhaltens vorwirft und
3. Kritik, die auf *normative* Aspekte abhebt und ökonomischen Theorien vorwirft, auf Grundlage moralisch fragwürdiger Annahmen (bspw. egoistische Eigennutzenmaximierung) einen ebenso moralisch fragwürdigen Maßstab für menschliche Handlungsorientierung zu liefern.

Diese drei Dimensionen sind teilweise miteinander verwoben und daher nicht immer eindeutig voneinander zu trennen. Am ehesten lässt sich noch die normative Kritik von der anwendungsbezogenen und der methodologischen Diskussion trennen. Die Unterscheidung zwischen den beiden ersteren Ebenen ist dagegen weitaus komplizierter. Sie sind stärker aufeinander bezogen, haben unterschiedlich starke Implikationen und führen zu unterschiedlichen Schlussfolgerungen. Zum Einen ist eine zutreffende methodologische Kritik von größerer Reichweite als eine praxisbezogene. Erstere stellt gewissermaßen die Theorie (in ihrer jetzigen Form) insgesamt infrage, wohingegen die Zweite zumindest im Prinzip überwunden werden kann. Zum anderen können mit einer methodologischen Kritik praxisbezogene Fehler erklärt bzw. diese hierauf zurückgeführt werden. Umgekehrt ist dies jedoch nicht möglich: Unzulänglichkeiten in der Praxis mögen unter Umständen ein *Hinweis* auf tiefer liegende methodologische Schwächen sein, *zwingend* ist dies aber nicht. Ein nicht unwesentlicher Teil der manchmal recht aufgeregt geführten Methodendiskussion läuft ins Leere, macht man sich diese Ebenenunterscheidung klar.

Eine umfassende Darstellung der gesamten Diskussion kann an dieser Stelle nicht geleistet werden. Allerdings existiert mit dem Werk „Rational Choice. Eine Kritik am Beispiel von Anwendungen in der Politischen Wissenschaft" von Donald P. Green und Ian Shapiro (1994, deutsch 1999) ein Referenz- und Gravitationspunkt in der Debatte, in welchem wesentliche und schlagkräftige (externe) Kritikpunkte zusammenfasst. In diesem Buch verweisen die Autoren auf typische Praxisfehler der *rational-choice*-Theorien und führen diese einerseits auf die Methodenfokussierung zurück (der sie einen Empiriefokus gegenüberstellen). Andererseits verweisen sie auf die (methodologisch motivierte) Forderung nach der Formulierung einer *universellen* Handlungstheorie. Sie behandeln somit die beiden oben zuerst genannten, miteinander verwobenen Kritikebenen. Dies wird in Abschn. 8.2 dargestellt.

Abschn. 8.3 widmet sich dann der normativen Diskussion. Viele Kritiker stoßen sich an dem vorgeblich negativen Menschenbild des egoistischen homo oeconomicus, welches *rational-choice*-Theorien zugrunde liegt. In diesem Kapitel wird nach der Berechtigung solcher Kritik gefragt und versucht aufzuzeigen, dass ihr ein philosophischer Grundsatzstreit vorgelagert ist.

8.1 Verhaltensökonomische Anomalien

In Abschn. 2.2 wurde mit dem klassischen homo oeconomicus-Modell einer der Grundpfeiler der ökonomischen Methode vorgestellt. Die Meinungen darüber, ob es sich hierbei um eine unfalsifizierbare Heuristik handelt, welche zu Analysezwecken eingesetzt wird, oder aber um eine gute (zumindest die beste verfügbare) Annäherung an tatsächliches menschliches Verhalten, gehen weit auseinander. Dennoch kommt man nicht um die Feststellung herum, dass sich Individuen in vielen Situationen eben nicht so verhalten, wie man es gemäß den beschriebenen Annahmen erwartet hätte.

Die sog. Verhaltensökonomik (‚behavioral economics') hat sich zum Ziel gesetzt, durch experimentelle Forschung und durch eine explizite Verknüpfung des Modells mit Forschungsergebnissen aus der Psychologie und anderen Wissenschaften, den homo oeconomicus so ‚umzumodellieren' bzw. zu erweitern, dass er realitätsnäher und so die Prognosefähigkeit der jeweiligen Modelle erhöht wird. Entscheidend ist hier der Hinweis, dass nicht davon ausgegangen wird, dass die Abweichungen letztlich willkürlich auftreten, sondern dass ihnen definierbare Regelmäßigkeiten innewohnen. So gewendet handelt es sich also um die Systematisierung der beobachteten Abweichungen vom Standardmodell des homo oeconomicus. Die bekannten Anomalien werden hier also nicht theoretisch erörtert (wie es z. B. bei den Lösungsversuchen des Paradox des Wählens der Fall ist; siehe Abschn. 3.3), sondern einer dezidiert empirischen Analyse unterzogen.

Einige der bekanntesten Beispiele für Anomalien in der Verhaltensökonomik seien hier kurz benannt. Die sog. *Kontrollillusion* beschreibt den Umstand, dass Individuen ihre eigenen Steuerungsmöglichkeiten in einer Situation als hoch ansehen, obwohl sie nur einen beschränkten Einfluss hierauf haben. Der *sunk-cost*-Effekt beschreibt die Tendenz, Entscheidungen auch auf Grundlage vergangener Kosten zu fällen, anstatt diese ausschließlich zukunftsgerichtet zu fällen. Aber auch der Effekt der Selbstüberschätzung des eigenen Urteilsvermögens (bspw. aufgrund bislang positiver Ergebnisse) oder die starke Überbewertung der Gegenwart (bei gleichzeitiger Unterbewertung der Zukunft) sind bekannte Anomalien, denen sich die Verhaltensökonomik widmet (vgl. Hagen und Reisch 2010, S. 6).

Von den vielen Erkenntnissen und Ergebnissen im Detail, die die Verhaltensökonomik hervorgebracht hat, seien hier nur zwei weitere exemplarisch näher vorgestellt: der Einfluss sogenannter Referenzpunkte sowie die Bedeutung der Informationspräsentation auf die Entscheidung.[1]

So wurde festgestellt, dass Individuen Entscheidungen (klassicherweise Kauf-/Verkaufsentscheidungen, aber auch politische Entscheidungen) mit gleichem ‚*pay-off*' anders fällen, wenn sie unterschiedliche Referenzpunkte für ihre Entscheidung heranziehen (vgl. Pindyck und Rubinfeld 2009, S. 252 f.). Als klassisches Beispiel kann hier der sog. Besitztumseffekt (*endowment*-Effekt) genannt werden: Individuen messen in der Regel einem Gut, das sie besitzen, mehr Wert zu, als wenn sie es nicht besitzen. Der entscheidende Referenzpunkt liegt hier also im Besitz bzw. Nicht-Besitz eines Gutes. Der Effekt zeigt sich besonders deutlich darin, dass Individuen häufig einen höheren Geldbetrag für den Verkauf eines Gutes, welches sie besitzen,

---

[1] Eine überzeugende Zusammenfassung der empirischen Untersuchungsergebnisse findet sich bei DellaVigna (2009).

verlangen, als sie bereit wären, für genau dieses Gut zu bezahlen. Nach dem klassischen homo oeconomicus-Modell dürfte hier eigentlich kein Unterschied bestehen.

Doch auch die Art und Weise, wie sich einem Individuum, welches eine Entscheidung fällen muss, die hierfür relevanten Informationen darstellen, hat einen nachweisbaren Effekt auf die Entscheidung. So gibt es eine generelle Tendenz, bei Entscheidungen unter großer Unsicherheit und mit wenigen Informationen *hervorstechende* Alternativen zu präferieren. Als illustratives, auch politisch-politikwissenschaftlich relevantes Beispiel hierfür sei eine Studie von Ho und Imai (2008) genannt: Hier weisen die Autoren einen Einfluss der *Reihenfolge,* in welcher die Kandidaten auf dem Stimmzettel genannt werden, auf das Wahlergebnis nach. In Kalifornien, wo die Reihenfolge der Kandidaten auf den Wahlzetteln seit 1975 per Zufallsprinzip bestimmt wird, erhielten z. B. Kandidaten einer kleinen Partei, welche an oberster Stelle genannt wurden (und somit hervorstachen), signifikant mehr Stimmen.

Der Forschungszweig der ‚*behavioral economics'* nimmt sich also bekannter empirischer Anomalien an und versucht, durch systematische Anpassungen des klassischen Verhaltenmodells, diese zu beheben. Letztendlich verbleibt er damit aber auf dem Boden der ökonomischen Methodik. Es ist sicherlich nicht falsch zu behaupten, dass viele Kritikerinnen der *rational-choice*-Theorie ein solches Vorgehen, empirische Anomalien anzuerkennen und daraus entsprechende Schlussfolgerungen zu ziehen, begrüßen. Nichtsdestoweniger tangiert es kaum die Kritikpunkte, die vonseiten der externen Kritik hervorgebracht werden. Diese werden im nun folgenden Abschnitt dargestellt.

8.2 Methodologische Pathologien?

Green und Shapiro (1999, S. 46–61) formulieren drei weitreichende methodologische „Defekte" *(„pathologies")*, die ihrer Ansicht nach aus prinzipiellen Gründen typisch für *rational-choice*-Theorien sind:

1. post-hoc-Theoriebildung,
2. Fehler bei der Entwicklung von Tests und
3. Unzulänglichkeiten bei der Auswahl und Interpretation von Daten.

Diese drei Punkte verweisen letztlich auf das Faktum, dass ökonomische Theorien den selbst propagierten Anspruch, ihre Ergebnisse einer empirischen Überprüfung auszusetzen, nicht eingehalten haben. Die Autoren stellen sich wohlgemerkt nicht auf den Standpunkt, dass sich *rational-choice*-Theorien überhaupt nicht empirisch testen lassen. Vielmehr kritisieren sie, dass in den Fällen, in denen es getan wird, die Überprüfungen entweder einem oder mehreren der Defekte aufsitzen oder aber, wenn sie denn richtig und angemessen durchgeführt werden, die Ergebnisse trivial oder altbekannt sind.

Im Folgenden werden die drei genannten ‚Defekte' und die hieraus entwickelte Argumentation dargestellt. Green und Shapiro verwenden zudem einen großen Teil ihres Buches darauf, ihre Kritik an den drei Klassikern „Ökonomische Theorie der Demokratie" von Downs (siehe in diesem Buch Kap. 3), „Social Choice and Individual Values" von Arrow (Kap. 4), sowie „Logik des kollektiven

Handelns" von Olson (Kap. 6) nachzuweisen.[2] Auf eine ausführliche Darstellung dieser Einzelkritik wird an dieser Stelle verzichtet, da hier die prinzipielle Argumentation im Mittelpunkt steht.

post-hoc-Theoriebildung
Kennzeichnend für die Theoriebildung von *rational-choice*-Erklärungen politischer Phänomene ist nach Green und Shapiro (1999, S. 46 f.), dass sie „großen Wert auf die Entwicklung nachträglicher Erklärungen für bereits bekannte Tatsachen leg[en]". Es werden eingetretene Regelmäßigkeiten analysiert und hierauf aufbauend nachträglich (post-hoc) ein Modell entwickelt, welches – bspw. unter Zuhilfenahme von Gleichgewichtsüberlegungen – die erklärungsbedürftige Regelmäßigkeit als Ergebnis hat.

An einem Alltagsbeispiel illustriert: Man beobachtet, dass ein Postbote jeden Mittag zur fast gleichen Zeit die Post vorbeibringt. Dies möchte man erklären und fragt sich, ob dem wohl eine allgemeine Regel der Briefzustellung zugrunde liegt. Man kennt die Postbezirke sowie die Startpunkte des Postboten (als gegebene *Kontextfaktoren*) und geht davon aus, dass er seine Arbeit so schnell wie möglich erledigen möchte. Er wird daher versuchen, den kürzest möglichen Weg zu nehmen (was eine klassisch

---

[2]Mueller (2003, S. 657–674), der sich kritisch mit Green und Shapiro (1999) auseinandersetzt, erkennt auch an, dass sie sich hiermit die richtigen, weil erfolgreichsten Werke ausgesucht haben: „Clearly, if these three works have not contributed to our understanding of political processes, it is unlikely that lesser works have done so, and thus it pays to consider whether G&S [Green/Shapiro] have indeed made their case."

rationale *Annahme* ist). Auf dieser Grundlage lässt sich ein einfaches ‚Modell' des Weges des Postboten entwickeln, welches zeigt, dass er fast immer zur gleichen Zeit die Post einwirft.

An dieser Vorgehensweise ist aus theoretischer Perspektive zunächst wenig zu kritisieren. Das Modell des Verteilungsweges sagt fast immer korrekt voraus, wann der Postbote am besagten Hause vorbeikommt. Stellt man fest, dass er dies an einigen Tagen allerdings nicht tut, so lässt sich dies durch den Hinweis auf singuläre Ereignisse, wie bspw. Schneefall oder zusätzlicher Urlaubspost, erklären. Stellt man hingegen fest, dass der Postbote nun nicht mehr zur Mittagszeit, sondern jetzt nachmittags regelmäßig zur gleichen Zeit vorbeikommt, lässt sich ein neues Modell entwickeln, welches nun die neue Regelmäßigkeit des Posteinwurfs erklärt. Die Notwendigkeit zur ‚Ummodellierung' kann dann bspw. mit einer Neuzuteilung der Postbezirke erklärt werden.

Analog zu diesem Beispiel funktionieren viele ökonomische Erklärungsansätze politischer Phänomene, wie bspw. die Downs'sche These, dass zwei auf einer eindimensionalen Achse verortete Parteien zum Medianwähler konvergieren (siehe Kap. 3): Auf Grundlage der Annahme rationaler Stimmenmaximierung wird die beobachtete Parteienkonvergenz erklärt. Tun die Parteien dies in anderen Fällen nicht oder nur eingeschränkt, wird der Erklärungsansatz entweder durch singuläre oder gewandelte Kontextfaktoren (z. B. strategische Fehler der Parteieliten etc.) oder einem Wandel der Wählerpräferenzen ‚gerettet'.

Green und Shapiro weisen nun darauf hin, dass ein solches Vorgehen schwerwiegende Probleme mit sich bringt.

Sie kritisieren, dass *rational-choice*-Theoretikerinnen, die ein solches Erklärungsmodell verfolgen, davon ausgehen, dass das Funktionieren ihres Modells bereits zeigt, dass die zugrunde gelegten Annahmen (hier: Minimierung des Weges durch Postboten/Stimmenmaximierung der Parteien) stimmen. Dies ist aber mitnichten der Fall: Durch diese unzulässige Verquickung von Theoriebildung und Theorie*überprüfung* läuft man vielmehr Gefahr, in einen Zirkelschluss zu geraten: Die post-hoc entwickelte *rational-choice*-Erklärung stimmt, weil sie X richtig erklärt, und X wird richtig erklärt, weil die *rational*-choice-Erklärung stimmt.[3] „Daten, an denen sich die Theoriebildung inspiriert, können jedoch eigentlich nicht zur Überprüfung dieser Theorie herangezogen werden" (Green und Shapiro 1999, S. 48 f.). Wenn eine Erklärung nicht dazu genutzt wird, Hypothesen zu erzeugen, die in *anderen* Zusammenhängen einer empirischen Überprüfung standhalten, so ist letztlich nicht viel gewonnen. Da dies in vielen Fällen nicht geschieht, bleibt die ökonomische Theorie die erforderliche empirische Bestätigung letztlich schuldig.

Rational-choice-Theoretiker formulieren demnach ihre Theorie so lange um, bis sie den beobachteten Fakten entspricht und folgern dann aus dem Funktionieren ihres Modells, dass es richtig sein muss. Die Möglichkeit zur Anpassung steht ihnen immer offen, um widersprechenden

---

[3]Ein alternativer, aber nicht minder problematischer Standpunkt wurde bereits in Kap. 2 genannt: Nach Milton Friedman (1953) müssen die zugrunde gelegten Annahmen noch nicht einmal zwingend stimmen. Solange die Prognosefähigkeit einer Theorie erfolgreich besteht, stellt die mögliche Falschheit der Annahmen kein Problem dar.

Anomalien Rechnung zu tragen. Hierbei kommt ihnen zugute, dass zum einen das Konzept der Rationalität ausreichend vage definiert ist, sodass es sich im Zweifel den empirischen Fakten gemäß anpassen lässt. Zum anderen lassen sich durch das Einfügen von rettenden Zusatzannahmen empirische Anomalien erklären. Aber: Letztlich wurde nicht empirisch bewiesen, dass die unterstellten Annahmen zutreffend sind.

Hinzu kommt noch, dass sich in vielen Fällen *mehrere* post-hoc-Modelle konstruieren lassen, die die *gleichen Prognosen* als Ergebnis haben, wobei nicht ohne weiteres geklärt werden kann, welches das zutreffende ist. Anders herum kommen verschiedene *rational-choice-Modelle* zu nachgerade *gegenteiligen* Schlüssen: „Daß verschiedene Rational-Choice-Theorien X und Nicht-X vorhersagen, verursacht große Probleme für jeden, der die Leistung von Rational-Choice-Modellen mit denen konkurrierender Ansätze vergleichen will" (Green und Shapiro 1999, S. 50).

Die Entwicklung von Tests
Der zweite, von Green und Shapiro (1999, S. 52) in den Blick genommene Kritikpunkt attestiert der *rational-choice*-Theorie „ein bemerkenswertes Ungleichgewicht zwischen analytischer Darstellung und Anwendung". Das heißt, dass häufig überzeugende empirische Überprüfungen vernachlässigt werden, und zwar zugunsten einer analytischen Beweisführung, die auf die Aufrechterhaltung der Universalität der Handlungstheorie zielt. Darüber hinaus sind viele ökonomische Theorien so konstruiert, dass sie empirisch wenig oder gar nicht angreifbar sind.

Eine solche Immunisierung – sei sie nun absichtlich herbeigeführt oder nicht – kann mehrere Formen annehmen.

Erstens wird nur in seltenen Fällen angegeben, ab welchem Grad der Abweichung der Empirie von den theoretischen Modellvorhersagen eine ökonomische Theorie als widerlegt gelten kann bzw. ab wann das gesamte Rationalitätsparadigma als nicht mehr haltbar betrachtet werden muss. Überspitzt formuliert: Wie oft ‚darf' der Postbote im obigen Beispiel zu einer anderen als der prognostizierten Zeit vorbeikommen, bis die Annahme, er wähle immer den kürzesten Weg, als widerlegt gelten kann? Lässt es sich auch noch aufrechterhalten, wenn man herausfindet, dass er größere Umwege in Kauf nimmt, um zur Mittagszeit bei einer in seinem Bezirk wohnenden Freundin eine Pause zu machen? Aus theoretischer Perspektive ließe sich argumentieren, dass er *eigentlich* immer den kürzesten Weg wählt, allerdings *in diesem speziellen Fall* ein anderes Ziel eine höhere Präferenz hat. Wo aber verläuft die Grenze, ab der gesagt werden kann, dass die getroffene Verhaltensannahme nicht stimmt? Natürlich kann oder muss hier kein genauer quantitativer Schwellenwert angegeben werden. Es ist aber der empirischen Überprüfung in hohem Maße abträglich, wenn jede Anomalie oder Menge von Anomalien entweder als irrelevante Ausreißer hingenommen werden oder aber durch post-hoc-Anpassungen der Theorie mit in diese einverleibt werden können.

Hiermit zusammenhängend werden, zweitens, vielfach empirische Beobachtungen, die nicht in Einklang mit der Theorie stehen, durch Rückgriff auf nicht oder nur schwerlich beobachtbare Variablen erklärt. Stellt man bspw. fest, dass der Postbote nicht den objektiv kürzesten

Weg bei der Briefverteilung wählt, so lässt sich diese Annahme trotzdem aufrechterhalten, indem man postuliert, dass er sich bei der Planung schlichtweg verrechnet habe. Da dies nicht direkt beobachtbar ist, lässt sich die Annahme recht einfach aufrechterhalten. Allerdings ist es damit unmöglich, Fehler rationaler Individuen von irrationalem Verhalten zu unterscheiden. Letztlich ist es damit kaum mehr möglich, empirische Evidenzen gegen die Rationalitätsannahme vorzubringen. Mit dieser Argumentationsfigur wird bspw. häufig kooperatives Verhalten im *public-good*-Spiel (siehe Infokasten 6.2) und somit Abweichungen von der Gleichgewichtslösung erklärt.

Drittens stehen den Forscherinnen mit *punktuellen* und *marginalen* Prognosen zwei Überprüfungsmaßstäbe zur Verfügung, zwischen denen sie nach Bedarf fließend changieren können. Punktuelle Vorhersagen machen eine mehr oder weniger präzise Aussage über ein Ergebnis unter statischen Bedingungen. Diese sind immer – z. B. aufgrund strategischer Fehler oder Irrtümer des Individuums – bis zu einem gewissen Grade unzutreffend. Es stellt sich nun nicht nur die Frage, welcher Abweichungsgrad tolerabel ist, sondern auch, in welchem Verhältnis bestimmte Beobachtungen überhaupt zu den Vorhersagen stehen (vgl. Green und Shapiro 1999, S. 55). Spricht bspw. das Engagement vieler Menschen in Umweltschutzgruppen *gegen* das Trittbrettfahrertheorem, da sich rationale Individuen nicht ohne weiteres an kollektivem Handeln zur Verfolgung eines öffentlichen Gutes beteiligen? Oder spricht das Engagement *für* das Trittbrettfahrertheorem, da die Erhaltung der menschlichen Lebensgrundlagen von so herausragender Bedeutung ist, dass das tatsächlich erbrachte Engagement bescheiden erscheint?

Je problematischer solche punktuellen Voraussagen werden, desto eher greifen *rational-choice*-Theoretikerinnen zu marginalen Prognosen. Bei diesen können durch den Vergleich statischer Bedingungen die *Richtungen der Veränderungen* angegeben werden. Klassisches Beispiel hierfür sind die Erklärungen der *rational-choice*-Theorie bezüglich der Wahlbeteiligung. Hier zeigt sich, dass z. B. *steigende* Kosten des Wahlaktes die Wahlbeteiligung senken, wohingegen ein steigender Nutzen diese erhöht. „Wie unzulänglich Rational-Choice-Theorien auch sein mögen, wenn es darum geht zu erklären, warum Bürger sich überhaupt die Mühe machen, wählen zu gehen – eines [...] sehen sie richtig voraus, nämlich daß die Wahlbeteiligung bei schlechtem Wetter sinkt" (Green und Shapiro 1999, S. 55; siehe auch Grofman 1993). Problematisch sind hier gar nicht die Marginalprognosen an sich, sondern erstens die Parallelität zweier Bewertungsmaßstäbe (punktuelle und marginale Prognosefähigkeit) und zweitens die ‚Rettung' der Rationalitätsannahme durch die Behauptung, Individuen reagierten in bestimmtem Maße auf Kosten- und Nutzenveränderungen. Selbst wenn sie es tun, so ist noch lange nicht gezeigt, dass der Handlung an sich dadurch rationaler Charakter zukommt. Zwar haben Marginalprognosen eine unbestreitbare Erklärungskraft, letztlich wird so aber nur gezeigt, dass Kosten und Nutzen von Bedeutung sind, nicht aber, dass die Handlung selbst rational ist.

Auswahl und Interpretation von Daten
Als letzten Punkt werfen Green/Shapiro Ökonomischen Theorien der Politik eine selektive Datenauswahl und -interpretation vor. Letzteres ist ein wohlbekanntes psychologisches Phänomen der menschlichen Wahrnehmung und Interpretation der Realität und somit kein genuines Problem der *rational-choice*-Theorie. Es kann prinzipiell jeglicher Forschung anhaften, wenn Green und Shapiro auch argumentieren, dass es in der von ihnen kritisierten Forschungsrichtung besonders ausgeprägt ist. Menschen tendieren dazu, die Welt auf Grundlage einmal ausgebildeter Überzeugungen und Glaubensgrundsätze wahrzunehmen und hiermit übereinstimmende Erwartungen auszubilden. Ihre Interpretation empirischer Fakten wird auf diese Weise verzerrt, sodass sie nicht oder nur tendenziös in der Lage sind, Daten zu interpretieren, die eben nicht ihren Erwartungen entsprechen.

Ob diese Kritik nun berechtigt ist oder nicht, lässt sich u. U. *im Einzelfall* nachweisen, um eine methodologische Pathologie handelt es sich hierbei aber sicherlich nicht. Zudem lässt sich der gleiche (und dann in dieser Generalität ebenso ungerechtfertigte) Vorwurf gegenüber den Kritikern der *rational-choice*-Theorie formulieren. Aufgrund ihrer ebenso verzerrten kognitiven Prädispositionen sehen diese nur die Schwachstellen der ökonomischen Theorie, übersehen aber ihre vielen Errungenschaften.

Interessanter hingegen ist der Punkt der selektiven Datenauswahl. Diese kann sich grundsätzlich an zwei unterschiedlichen, aber spiegelbildlichen Beobachtungen festmachen: Auf der einen Seite wird bestätigendes Datenmaterial herausgegriffen und weit über Gebühr interpretiert.

Fälle, in denen Modellvorhersagen mit der Empirie übereinstimmen, werden dann immer wieder als Nachweis für den Nutzen einer Theorie angeführt. Auf der anderen Seite wird widersprechendes Material ignoriert oder in seiner Bedeutung heruntergespielt. Dies veranlasst einige Forscherinnen sogar dazu, sich aus Bereichen zurückzuziehen, in denen die Theorie offensichtlich schlecht abschneidet (vgl. Green und Shapiro 1999, S. 59), und sich auf solche zu konzentrieren, in denen sie zumindest ausreichende Prognosen liefert. Würde man bspw. beobachten, dass Paketdienste, im Gegensatz zu Postboten, fast nie den kürzesten Weg bei der Auslieferung wählen, so könnte man sich auf den Standpunkt stellen, dass die Theorie eben nur für Postboten, nicht aber für Paketdienste gilt.

Was hier aber zunächst wie ein ratsamer Akt der Bescheidenheit aussieht, ist hingegen methodologisch hochbrisant. Entscheidend ist hier nicht die *Bereichseinschränkung* an sich, sondern die Kriterien und Begründungen dafür, was ein legitimer Anwendungsbereich ist und was wiederum nicht. Green und Shapiro (1999, S. 59) bringen die Willkürlichkeit dieser Einschränkungen auf den Punkt:

Eine willkürliche Einschränkung des Anwendungsbereichs liegt dann vor, wenn empirisch überprüfbare einschränkende Bedingungen fehlen und trotzdem zum Rückzug geblasen wird. Anders ausgedrückt ist es ein entscheidender Unterschied, ob man im vorhinein den Anwendungsbereich einer Theorie unter Angabe einschränkender Bedingungen abgrenzt oder ob man den relevanten Bereich nach dem Motto festlegt: ‚Die Theorie gilt, wo immer sie zu funktionieren scheint'.

Letztlich müssen also die Kriterien für die Bereichseinschränkungen vom Erklärungserfolg der Theorie unabhängig sein – was sie aber augenscheinlich nicht sind.

Green und Shapiro formulieren und diskutieren nicht nur die genannten drei Kritikpunkte, sie führen diese auch auf den Anspruch des Ansatzes, eine *universelle* Theorie der Politik formulieren zu wollen, zurück. Dieser Anspruch ist nicht prinzipiell illegitim, führt aber in der Praxis dazu, dass es „oft viel mehr darum geht, irgendein universalistisches Modell zu verteidigen, als reale politische Zusammenhänge zu verstehen und zu erklären" (Green und Shapiro 1999, S. 46). Dort, wo empirische Beobachtungen nicht vereinbar mit den Vorhersagen der universalistischen Theorie sind, werden Ausweichstrategien gefahren, die nicht selten in einem oder mehreren der Kritikpunkte münden. Die beiden Autoren schlagen vor, einer methodenorientierten eine problemorientierten Betrachtungsweise vorzuziehen: „Sinnvoller als die Frage: ‚Wie könnte die Rational-Choice-Theorie X erklären?' wäre die problemgeleitete Frage ‚Wie lässt sich X erklären?'" (Green und Shapiro 1999, S. 237).

So schlagkräftig und herausfordernd die ebenso pointiert wie kenntnisreich formulierte Kritik von Green und Shapiro auch ist, so muss sie sich allerdings die Frage nach der besseren, eben diese Fehler vermeidenden Alternative bei der Erklärung politischer Phänomene gefallen lassen. Auf der anderen Seite des methodologischen Spektrums steht dem deduktiv-axiomatischen Ansatz ökonomischer Theorien die induktive Herangehensweise gegenüber. Hierbei wird auf die Annahme einer universell gültigen

Funktions- und Wirkungsweise sozialer (politischer) Interaktion zugunsten einer dem Einzelfall Rechnung tragenden Erklärung verzichtet. Je nachdem, wie sich ein oder mehrere Untersuchungsfälle darstellen und welche Eigenschaften sie haben, werden ‚passgenaue' Erklärungen entwickelt. So kann bspw. eine anhaltend niedrige Mitgliedschaftsquote in Gewerkschaften in dem einen Land mit spezifischen historischen Gegebenheiten oder einer spezifischen politischen Beteiligungskultur erklärt werden, eine vergleichbar niedrige Quote in einem anderen Land aber bspw. mit dem dauerhaften Fehlen einer charismatischen Führungspersönlichkeit. Ökonomische Theorien würden in beiden Fällen sicherlich auf das zugrunde liegende Trittbrettfahrerproblem hinweisen.

Der Vorteil der induktiven Methode liegt nun darin, dass sie in der Lage ist, nicht nur hohe Beteiligungsquoten zu erklären, sondern im Prinzip jede Quote. Durch das (natürlich immer begründete) Hinzufügen oder Ausklammern im Einzelfall wirkungsmächtiger Variablen können *spezifische* Ausprägungen erklärt werden. Die ökonomische Betrachtungsweise hat auf das Beispiel bezogen im Zweifel nur die Möglichkeit, mit Verweis auf selektive Anreize Unterschiede plausibel zu erklären. Diese Möglichkeit wird aber sicherlich nie allen Fällen ausreichend gerecht. Da, wie gesehen, jede Anpassung der Theorie an den Einzelfall zu den beschriebenen Problemen der post-hoc-Theoriebildung führt, sind deduktiv vorgehende *rational-choice*-Erklärungen in der Regel nicht der Lage, *jeden* spezifischen Fall zu erklären.

Doch induktive Ansätze haben nicht nur Vorteile, sondern auch Nachteile. Wenn für fünf verschiedene Fälle fünf verschiedene Erklärungen produziert werden müssen, um die ‚Passgenauigkeit' zu sichern, so geht dies zwangsläufig auf Kosten analytischer Klarheit und Konsistenz. Wenn es sich doch um ein und dasselbe Phänomen (wie hier z. B. Gewerkschaftsmitgliedschaft) handelt, wieso sind in den jeweiligen Fällen z. B. verschiedene Variablen entscheidend? Warum spielt etwa in einem Land die Führungsrolle der Gewerkschaftschefin eine entscheidende Rolle, in einem anderen aber nicht?

Wir haben es hier demnach mit einem *trade-off* zu tun: Je spezifischer eine Erklärung für einen Einzelfall zugeschnitten ist, desto weniger lässt sie sich ohne Anpassungen auf weitere Anwendungsfälle übertragen. Hierdurch verliert sie zwangsläufig an Konsistenz und Widerspruchsfreiheit, letztlich an erklärender *Reichweite*. Je allgemeingültiger eine Erklärung hingegen ist, desto weniger passgenau wird sie für den Einzelfall, bewahrt sich aber theorieintern ihre Widerspruchsfreiheit und hohe Reichweite.

Es hat sich in den Sozialwissenschaften als wenig fruchtbar herausgestellt, diese beiden unterschiedlichen, idealtypischen Forschungslogiken gegeneinander auszuspielen bzw. nur eine der beiden als angemessen und wissenschaftlich tragfähig zu kennzeichnen. Vielmehr sollte man sie sich als Endpunkte eines Kontinuums vorstellen, auf welchem jeder Standpunkt spezifische Vor- und Nachteile hat. Wenn Green und Shapiro (1999) den ökonomischen Theorien mit überzeugenden Gründen attestieren, warum sie bei der Suche nach einer universellen Theorie der Politik häufig die immer gleichen Fehler begehen, so ist ihnen, zumindest in Grundzügen, zuzustimmen. Allerdings können sie auch keine alternative Theorie präsentieren, die eine hohe Passgenauigkeit *bei gleichbleibender Reichweite* hat. Sie selbst schließen daraus, dass man diese Reichweite um der Einzelfallgültigkeit willen gar nicht erst anstreben sollte. Dem lässt sich entgegenhalten, dass sich der von ihnen zumindest implizit bevorzugte induktive Ansatz seine höhere Passgenauigkeit mit weniger konsistenten Ergebnissen ‚erkauft'.

In diesem Zusammenhang ist Mueller (2003, S. 673) zuzustimmen, wenn er schreibt, dass die Entscheidung der methodologischen Verortung der eigenen Forschung im Wesentlichen eine Geschmacksfrage ist

- one's willingness to live with weak explanatory power in some situations for the cleanness and beauty of a simple, elegant model of human behaviour versus one's desire for high explanatory power in all situations at the cost of analytic consistency and clarity.

Nicht nur sind beide Herangehensweisen legitim, sie *ergänzen* sich auch gegenseitig. Die gleichzeitige Betrachtung eines Phänomens unter Rückgriff auf sowohl deduktive wie induktive wissenschaftliche Ergebnisse mag das prinzipielle Verständnis dieses Phänomens viel mehr erhöhen, als es die Beschränkung auf nur eine Sichtweise je könnte.

8.3 Normative Kritik

Die normative Kritik an ökonomischen Theorien im Allgemeinen und *public-choice*-Theorien im Speziellen ist ein verhältnismäßig schwierig zu greifendes Phänomen. Sie wird selten (in ernst zu nehmender Form) explizit formuliert, sondern findet sich eher zwischen den Zeilen mancher Veröffentlichungen, in Wortbeiträgen auf wissenschaftlichen Konferenzen oder wird in persönlichen Gesprächen deutlich. Nicht selten klingt auch ein wenig Gehässigkeit über den großen Erfolg der *rational-choice*-Theorien im Wissenschaftsbetrieb durch. Dies alles könnte man zum Anlass nehmen, diese Ebene der Kritik gar nicht zu behandeln, ist es doch unseriös, gewissermaßen ‚aus der Deckung heraus', nicht rechenschaftspflichtig, Kritik zu üben oder dies gar mit persönlichen Eitelkeiten zu vermischen. Wir vertreten aber die Auffassung, dass die normative Kritik eine nicht zu ignorierende Quelle der Skepsis oder gar Ablehnung vieler Forscherinnen gegenüber diesem Ansatz ist und daher in einem Lehrbuch nicht fehlen darf. Wenn die normative Kritik auch vielfach auf Missverständnissen und Simplifizierungen beruht, so ist es doch durchaus sinnvoll, nach möglichen Ursprüngen hierfür zu suchen.

Zunächst ist die genannte Zurückhaltung einerseits verständlich, denn jede normative Kritik an ökonomischen Theorien setzt sich sofort dem naheliegenden Vorwurf aus, einem Kategorienfehler aufzusitzen. Eine wissenschaftliche Theorie möchte Aussagen über die Beschaffenheit der Welt machen, verfolgt also das Ziel, zu beschreiben, wie die

Welt *ist,* und somit nicht, wie sie sein *soll.* Andererseits ist der Umstand auffällig, dass viele *rational-choice*-Theoretiker politisch dem liberalen oder gar libertären (siehe Infokasten 5.1) Lager zuzuordnen sind[4] und sich auch nicht immer präskriptive Anmerkungen verkneifen können.

Rein intuitiv ist es vielleicht auch wenig überraschend, dass eine Theorie, zumindest zunächst, skeptisch beäugt wird, die ein Verhaltensmodell zugrunde legt, welches sich durch strenge instrumentelle Rationalität und Eigennutzenorientierung auszeichnet. Ist eine solche Annahme nicht hochgradig pessimistisch? Kann es wirklich sein, dass unser gesamtes Gemeinwesen letzten Endes auf Gier und Selbstsucht basiert? Ist es nicht bereits durch einfache Introspektive möglich, einen solchen Blick auf den Menschen zu widerlegen, da jeder auch von sich selbst Situationen kennt, in denen er aus uneigennützigen Überzeugungen gehandelt hat?

Dass die plumpe Gleichsetzung von Rationalität und Eigennutzenorientierung mit Gier und Egozentrik eine massive Fehlinterpretation darstellt, wurde bereits in Kap. 2 gezeigt und soll hier nicht wiederholt werden. Dennoch geben selbst prominente Theorievertreter wie Downs (vgl. 1993, S. 197) zu, eine eher „zynische Sichtweise"[5] zu vertreten.

---

[4]Für einen differenzierten Blick auf die politischen Implikationen der *rational-choice*-Theorie siehe hierzu auch Hindmoor und Taylor (2015, S. 10–11).

[5]Auch wenn sich Downs in diesem Zitat zwar allein auf die von ihm ausformulierte These von Schumpeter bezieht, dass sich Parteien und Politiker wie politische Unternehmer verhalten, ist es aber durchaus legitim, dies für die Forschungsrichtung zu verallgemeinern.

Die Sozialphilosophie hat unterschiedliche Antworten darauf gegeben, wie eine Gesellschaft von streng eigennützigen Individuen zu bewerten ist.[6] So wird einerseits argumentiert, dass jede Gesellschaft ein moralisches Fundament braucht, auf dem das Zusammenleben erst organisiert werden kann. Dieses Fundament entsteht nicht aus dem sozialen Handeln der Individuen, sondern speist sich aus anderen Quellen und ist in diesem Sinne ‚vorgesellschaftlich'. Auf dieser Grundlage ist ein individuell-egoistisches Gemeinwesen in der Regel abzulehnen, da es eben dieses Fundament nicht besitzt. „In einer Welt von Egoisten können also Kooperation und moralische Institutionen nur dann entstehen, wenn es bereits eine normative und moralische Ordnung gibt, die einer parasitären Ausbeutung der Kooperationswilligen zumindest Grenzen setzt" (Miller 1994, S. 11). Laut des entgegengesetzten Standpunkts, und dies ist klassischerweise die ökonomisch-utilitaristische Sichtweise, *ergibt* sich die normative Konstituierung der Gesellschaft nahezu zwangsläufig aus dem eigennützigen Verhalten der Gesellschaftsmitglieder.

Genau hier, so die normative Kritik, werde die vorgebliche deskriptive Eigennutzenorientierung zu einem normativen Postulat: „[F]ür den Egoisten in jedem von uns muß es einem Erdbeben an Erkenntnis gleichkommen, wenn er sich darüber belehren läßt, daß seine Egoismen nur ein Teil jener Kraft sind, die stets das Böse will und

---

[6]Die Tatsache, dass sich die Diskussion von den Sozialwissenschaften in die Sozialphilosophie verlagert, deutet bereits an, dass man sich mehr und mehr in den Bereich kaum auflösbarer philosophischer Grundkonflikte begibt.

doch das Gute schafft" (Miller 1994, S. 8). Was demnach als beschreibende Theorie zur Erklärung menschlichen Verhaltens daherkommt, hat tatsächlich normative Implikationen.

In eine ähnliche Kerbe schlägt der Hinweis, dass ein Ansatz, der in den Wirtschaftswissenschaften als Orthodoxie, ja sogar als nachgerade ‚kanonisch' anerkannt ist und auch in den anderen Sozialwissenschaften eine gewisse Bedeutung erlangt hat, zu einer ‚sich selbsterfüllenden Prophezeiung' wird. Wenn nun seit Jahrzehnten *rational-choice*-Vorlesungen zum Basiswissen in entsprechenden sozialwissenschaftlichen Studiengängen gehören und viele Studierende mit ihren Grundkonzepten bekannt gemacht werden, so liegt es nahe, dass sie ihr Verhalten dementsprechend hieran ausrichten bzw. zur Selbstrechtfertigung ihres eigenen Handelns heranziehen. Die Theorie schafft sich so selbst die Bedingungen ihrer eigenen Bestätigung. So stellen bspw. Marwell und Ames (1981) in einem spieltheoretischen Experiment fest, dass Studierende der Wirtschaftswissenschaften signifikant weniger in einem *public-good*-Spiel (siehe Infokasten 6.2) beisteuern als andere.

Den moralisch-ethischen Bedenken, die so möglicherweise provoziert werden, soll hier der Hinweis entgegengesetzt werden, dass es in vielen Fällen sinnvoll ist, sich die *rational-choice*-Theorie als ein *worst-case*-Szenario vorzustellen (siehe hierzu Schüssler 1988): Selbst unter der Annahme instrumenteller Rationalität und Eigennutzenorientierung hat die ökonomische Theorie gezeigt, dass Kooperation von gegenseitigem Vorteil sein kann. Wer durch philosophische Reflektionen zu der Überzeugung gelangt, dass bspw. Kooperation und Zusammenarbeit mit Mitmenschen aus weltanschaulichen Gründen moralisch geboten ist, den wird möglicherweise der Gedanke beruhigen, dass selbst Individuen auf Grundlage rein eigennütziger Motive dies verfolgen würden.

9

Kommentierte Literaturhinweise

Behrends, Sylke, 2001: Neue Politische Ökonomie. Systematische Darstellung und kritische Beurteilung ihrer Entwicklungslinien, München.
Dieses Lehrbuch stellt eine Vielzahl von public-choice-Theorien kurz und bündig vor. Es eignet sich besonders gut für einen ersten Überblickszugang zu einzelnen Werken verschiedener Autoren.

Eriksson, Lina, 2011: Rational Choice Theory. Potentials and Limits, New York.
Neben der titelgebenden, äußerst klaren und abwägenden Bewertung der Potenziale und Grenzen der Rational-Choice-Theorie überzeugt dieses Werk insbesondere durch seine Ordnungsleistung, indem die verschiedenen Spielarten, Varianten und Ansätze dieser Theoriefamilie entflochten und gruppiert bzw. gegeneinander abgegrenzt werden.

Hindmoor, Andrew/Taylor, Brad, 2015: Rational Choice, New York.
In der zweiten Auflage dieses englischsprachigen Werks, welches durch eine verständliche Sprache und eine einfache Darstellung der Materie überzeugt, kam Brad Taylor als Koautor hinzu. Die Zusammenarbeit eines „sympathetic sceptic (Hindmoor)" und eines „guarded believer (Taylor)" (S. 232) führt zu einer sehr ausgewogenen Darstellung, insbesondere hinsichtlich der methodischen Vor- und Nachteile der Theoriefamilie. Es bietet auch eine Einführung in Klassiker, die in diesem Lehrbuch nicht behandelt werden. Besonders gelungen ist die methodisch-wissenschaftstheoretische Diskussion am Ende des Buches.

Mueller, Dennis C., 2003: Public Choice III, New York.
Das umfangreiches Kompendium und Überblickswerk über fast das gesamte Feld ökonomischer Theorien der Politik lässt kaum Wünsche offen – außer, dass es hiervon keine neue, aktualisierte Auflage gibt. Der fortgeschrittene Leser findet hier auf über 750 Seiten (davon alleine mehr als 60 Seiten Literaturangaben) alles, was das public-choice-Herz begehrt.

Wuffle, A., 1999: Credo of a 'Reasonable Choice' Modeler, in: Journal of Theoretical Politics 11, S. 203–206.
Amüsant zu lesendes ‚Regelwerk' für die Verwendung ökonomischer Theorien der Politik.

Glossar

Ausschlussprinzip Siehe Stichwort ‚*Gut/Güter*'

Anreiz Anreize sind Belohnungen bzw. Bestrafungen von individuellen oder kollektiven Handlungen mit dem Ziel, ein gewünschtes Verhalten hervorzurufen bzw. zu verhindern. Durch die Erhöhung (positiver Anreiz: Belohnung) bzw. Senkung des Nutzens (negativer Anreiz: Strafe) einer Handlung dienen sie zur Motivation bzw. Demotivation bestimmten Verhaltens.

ceteris paribus lat. „unter sonst gleichen Bedingungen"; Eine ceteris-paribus-Klausel besagt, dass die getroffenen Aussagen unter der Bedingung gelten, dass alle anderen maßgeblichen (Stör-)Variablen gleich bleiben bzw. konstant gehalten werden (z. B. in Bezug auf eine frühere Situation oder ein vorangegangenes Experiment).

Externalitäten/externe Effekte Externalitäten bzw. externe Effekte entstehen, wenn die Handlung einer Person (bspw. die Emission von Autoabgasen) eine Auswirkung auf eine andere, zunächst unbeteiligte – daher externe – Person hat (bspw. Gesundheitsschäden durch Luftverschmutzung). Das problematische Element externer Effekte liegt darin, dass sie nicht in das Kosten-Nutzen-Kalkül der Verursacherin eingehen. Daher ist eine Pareto-optimale Verteilung am Markt erschwert. Externe Effekte können negativ sein (externe Kosten), wie z. B. die genannten Gesundheitsschäden durch Luftverschmutzung, oder positiv (externer Nutzen), wenn z. B. das Infektionsrisiko einer ungeimpften Person dadurch sinkt, dass sich andere impfen lassen.

Gleichgewicht Der Begriff des Gleichgewichts bezeichnet in der ökonomischen Theorie einen Systemzustand, der aus sich selbst heraus keine Kräfte entwickelt, die diesen Zustand beenden. Dies mag z. B. auftreten, wenn – in Anlehnung an ein mechanisches Verständnis – zwei entgegen gesetzte Kräfte in gleicher Größe auftreten, wie dies bspw. bei einer mechanischen Waage der Fall sein kann. Klassisches Beispiel für ein ökonomisches Gleichgewicht ist das Marktgleichgewicht, bei welchem sich Angebot und Nachfrage durch den Preismechanismus angleichen und schließlich stabilisieren. Die Identifizierung und Untersuchung von Gleichgewichtszuständen ist ein wesentlicher Teil ökonomischer Analyse, wobei insbesondere auf Fragen nach der Existenz, Eindeutigkeit und Stabilität von Gleichgewichten fokussiert wird.

Gut/Güter Als Gut bzw. Güter bezeichnet man in den Wirtschaftswissenschaften Gegenstände oder Zustände, die einem Individuum Nutzen stiften. Sie lassen sich anhand der beiden ihnen zukommenden Eigenschaft der *Ausschließbarkeit* anderer Individuen und der *Rivalität* im Konsum unterscheiden. Ausschließbar bedeutet, dass andere Personen prinzipiell daran gehindert werden können, das Gut ebenfalls zu nutzen bzw. von seinem Nutzen zu profitieren. Rivalität im Konsum bedeutet, dass der Konsum eines Gutes durch ein

Individuum den Konsum durch ein anderes Individuum einschränkt oder gar ganz behindert.

Kollektive (öffentliche) Güter zeichnen sich durch Nicht-Ausschließbarkeit und Nicht-Rivalität aus: So kann bspw. weder jemand vom Nutzen eines Leuchtturms für die Seesicherheit ausgeschlossen werden, noch schränkt eine höhere Anzahl an ‚Nutzern' seinen Nutzen ein.

Private Güter sind im Gegensatz dazu durch Ausschließbarkeit und Rivalität gekennzeichnet. So lassen sich bspw. leicht andere Personen von der Benutzung eines Autos ausschließen. Ebenso besteht Rivalität im Konsum, da nur eine begrenzte Anzahl an Personen das Auto gleichzeitig nutzen kann (und nur eine Person es selbst fahren kann).

Darüber hinaus lassen sich noch als Mischformen Clubgüter und Allmendegüter unterscheiden. Während bei ersteren keine Rivalität im Konsum herrscht, dafür aber Ausschließbarkeit gegeben ist (z. B. beim Bezahlfernsehen für Fußballübertragungen), ist es bei letzterem genau umgekehrt (z. B. eine überfüllte Autobahn).

Grenzkosten und Grenznutzen Grenzkosten und -nutzen beschreiben, in Abgrenzung zu Gesamt- oder Durchschnittskosten/-nutzen, diejenigen Kosten/Nutzen, die durch den Konsum einer weiteren Einheit eines Gutes entstehen. Beide sind in der Regel Änderungen unterworfen: So sinkt für gewöhnlich mit steigendem Konsum der Grenznutzen, da eine Bedürfnisbefriedigung eintritt (bspw. ist der Grenznutzen der ersten Tafel Schokolade gewöhnlicher Weise höher als der der zehnten Tafel). Grenzkosten können sowohl steigen (z. B. dadurch, dass das Gut seltener wird), als auch sinken (bspw. durch sinkende Stückkosten).

Kollektive Güter Siehe Stichwort ‚*Gut/Güter*'

Kosten Kosten sind die Ausgaben und Aufwendung von Ressourcen, die zur Erreichung eines Ziels benötigt werden.

Wichtige Kostenkategorien sind Informations-, Opportunitäts-, Organisations- und Transaktionskosten. Informationskosten entstehen, wenn durch die Suche nach Informationen hinsichtlich der verfügbaren Handlungsoptionen und -folgen Kosten entstehen. Opportunitätskosten sind vorhanden, wenn durch die Verfolgung eines Ziels die gleichzeitige Verfolgung eines anderen Ziels eingeschränkt oder ganz ausgeschlossen wird. Organisationskosten sind diejenigen Kosten, die durch die Koordination, Verwaltung, Steuerung etc. von Organisationen entstehen. Transaktionskosten entstehen durch die Nutzung des Marktes und durch Austauschprozesse.

Methodologischer Individualismus Der methodologische Individualismus bezeichnet ein Erkenntnisprinzip, nach welchem die entscheidende Grundeinheit zur Erklärung gesellschaftlicher Sachverhalte das einzelne Individuum ist. Soziale Strukturen und Phänomene haben nach dieser Sichtweise keine emergenten Eigenschaften und sind somit immer durch individuelles Verhalten rückfahr- und erklärbar. Das entgegengesetzte Prinzip wird methodologischer Kollektivismus/Holismus genannt.

Modell Ein Modell ist ein System von Annahmen definitorischer, ontologischer und kausaler Art, welches dazu dient, einen zu untersuchenden Zusammenhang in abstrakter, formaler und reduzierter Form zu untersuchen. Hierfür werden notwendigerweise, in Abhängigkeit vom Abstraktionsgrad, bestimmte Details und Einzelheiten, die in der Realität durchaus wirksam sind, ignoriert. Modelle sind daher immer Vereinfachungen der Realität. Sie bewegen sich im Spannungsfeld zwischen kognitiv verarbeitbarer, dafür aber realitätsferner Vereinfachung auf der einen Seite und realitätsnäherer, aber kognitiv überfordernder Komplexität auf der anderen Seite. Modelle dienen insbesondere zur gedanklichen Analyse, d. h. Zerlegung eines Wirkungszusammenhangs und zur Herstellung von Prognosen, welche dann empirisch untersucht werden müssen.

Nutzen Nutzen bezeichnet die Bedürfnisbefriedigung, die durch den Konsum eines Gutes eintritt. Je höher der Grad der Bedürfnisbefriedung für ein Individuum ist, desto größer ist auch der Nutzen, den das Gut spendet. In der ökonomischen Theorie entspricht der Wert eines Gutes seinem Nutzen. Der Nutzenbegriff bildet daher auch die Grundlage der individuellen Präferenzordnung und ist somit ein wesentliches Element der modernen Entscheidungstheorie: Zusammen mit den Kosten eines Gutes bildet er die Basis des individuellen, rationalen Entscheidungskalküls. Zieht man die Kosten eines Gutes vom Bruttonutzen ab, erhält man seinen Nettonutzen

Siehe auch die Stichwörter *„Kosten"* und *„Grenznutzen und Grenzkosten"*.

Pareto-Optimum Beim Pareto-Optimum handelt es sich um ein von Vilfredo Pareto entwickeltes Kriterium zur Bewertung von Wohlfahrtszuständen. Ein Pareto-optimaler Zustand liegt vor, wenn kein anderer alternativer Zustand existiert, der von mindestens einem Individuum vorgezogen wird und dem alle anderen gegenüber indifferent sind. Es ist demnach also nicht möglich, ein Individuum besser zu stellen, ohne mindestens ein anderes Individuum schlechter zu stellen.

An einem Beispiel verdeutlicht: Wenn sich zwei Personen darüber einigen müssen, wie sie 1000 EUR unter sich aufteilen, so sind die Verteilungen auf der in der Abbildung dargestellten Geraden (bspw. die Aufteilungen „400/600" [A], „600/400" [B] oder „0/1000" [C]) alle Pareto-optimal, da von ihnen ausgehend kein anderer Verteilungszustand existiert, welcher nicht eine der beiden Personen oder beide besser stellt, ohne eine andere Person schlechter zu stellen. Die Aufteilung „400/400" (D) ist hingegen nicht Pareto-optimal, da Verteilungszustände existieren, welche mindestens eine Person besser stellen, ohne eine andere schlechter zu stellen: Dies sind alle Punkte im Dreieck ABD, da hier entweder eine oder beide Personen besser gestellt werden.

Ein Verteilungszustand ist dementsprechend einem anderen gegenüber pareto-superior, wenn mindestens ein Individuum diesen bevorzugt und alle anderen dem gegenüber indifferent sind. Pareto-unvergleichbar sind zwei Zustände dann, wenn keiner der beiden Zustände gegenüber dem anderen pareto-superior ist (in der Abbildung bspw. die grau unterlegten Flächen).

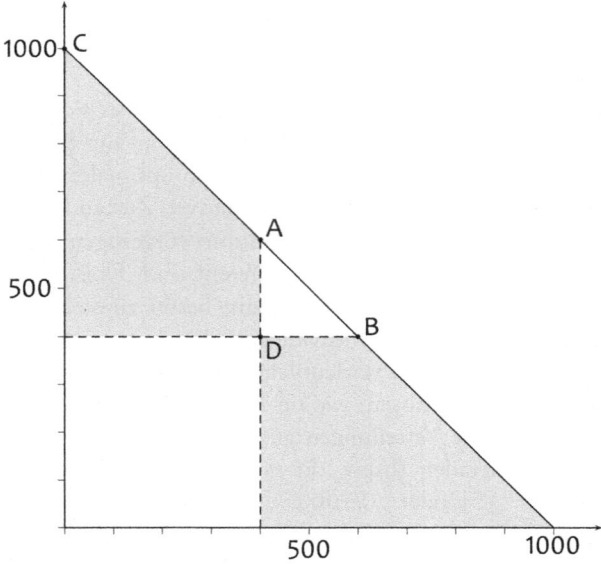

Quelle: Eigene Darstellung

Präferenzen Präferenzen sind Vergleichsrelationen zwischen Zuständen (welche bspw. durch Güter oder Dienstleistungen eintreten), die angeben, welche Bewertung ein Individuum diesen in Hinblick auf seinen eignen Nutzen zukommen lässt. Mittels einer Präferenzbeziehung wird angegeben, für welchen Zustand ein Individuum einen höheren/niedrigeren Nutzen erwartet. Präferenzordnungen können ordinal sein, d. h. eine Rangreihenfolge der Zustände angeben, oder kardinal, d. h. durch Verwendung einer gemeinsamen Einheit (bspw. Geldeinheiten) auch Präferenzintensitäten ausdrücken.

Private Güter Siehe Stichwort ‚*Gut/Güter*'.

Rationalität Als einer der schillerndsten und meistdiskutierten Begriffe der Philosophiegeschichte, wird Rationalität in der ökonomischen Theorie üblicherweise eng verstanden. Er bezieht sich hier praktisch ausschließlich auf den Versuch, den eigenen Nutzen zu maximieren. Aus dieser Sicht spricht man von rationalem Handeln dann, wenn es logisch widerspruchsfrei und durch den Einsatz von geeigneten Mitteln auf das Ziel der Nutzenmaximierung gerichtet ist.

Ressourcen Ressourcen sind all die Mittel, Faktoren etc., die zweckmäßig zur Erreichung eines Ziels eingesetzt werden können. Dies können Zeit, Informationen, Geld u. ä. sein.

Restriktionen Restriktionen sind diejenigen Faktoren, Umstände, Kontexte etc., die einen Einfluss auf die Handlungsmöglichkeiten haben. Sie wirken demnach derart auf den Möglichkeitenraum (die Menge aller Handlungsalternativen) ein, dass sie einzelne Handlungsoptionen ausschließen oder ihren relativen Preis erhöhen. Sie werden in der ökonomischen Theorie strikt von den Präferenzen getrennt.

Rivalitätsprinzip Siehe Stichwort ‚*Gut/Güter*'

Tausch In der ökonomischen Theorie werden soziale Beziehungen als Tauschakte interpretiert, bei welchen sowohl materielle als auch immaterielle Ressourcen getauscht werden. Soziale Strukturen und Prozesse werden als Konsequenz von Tauschvorgängen gesehen, gleichzeitig wirken sie allerdings auf die einzelnen sozialen Tauschsituationen zurück. Sozialer Tausch verbindet demnach individuelles Handeln mit sozialen Strukturen und umgekehrt, schafft so also die theoretische Verbindung von Mikro- und Makroebene sozialer Phänomene.

Ungewissheit Das Phänomen der Ungewissheit entsteht durch ein unzureichendes Informationsniveau. Da Individuen, vor eine Entscheidung gestellt, nicht immer über alle Handlungsoptionen und/oder Konsequenzen der Handlungen informiert sind, können sie entweder die Entscheidung unter Ungewissheit treffen, oder aber sich auf Informationssuche begeben. Allerdings ist letzteres immer mit Informationskosten verbunden.

Literatur

Arrow, Kenneth J., 1951: Social Choice and Individual Values, New Haven/ London.
Assmann, Heinz-Dieter/Kirchner, Christian/Schanze, Erich (Hrsg.), 1993: Ökonomische Analyse des Rechts, Tübingen.
Axelrod, Robert, 1970: Conflict of Interest, New York.
Baumol, William J., 1972: Ökonomische Modelle und die Mathematik, in: *Albert, Hans* (Hrsg.): Theorie und Realität. Ausgewählte Aufsätze zur Wissenschaftslehre der Sozialwissenschaften, Tübingen, S. 153–168.
Bartolini, Stefano, 2000: Collusion, Competition and Democracy. Part II, in: Journal of Theoretical Politics 12(1), S. 33–65.
Becker, Gary S., 1993: Ökonomische Erklärungen menschlichen Verhaltens, Tübingen.
Becker, Gary S., 1981: A Treatise on the Family, Cambridge, Mass.

Behrends, Sylke, 2001: Neue Politische Ökonomie. Systematische Darstellung und kritische Beurteilung ihrer Entwicklungslinien, München.

Bentley, Arthur F., 1908: The Process of Government: A Study of Social Pressures, Chicago.

Black, Duncan, 1998: The Theory of Committees and Elections, Bosten/ Dordrecht/London.

Braun, Dietmar, 1999: Theorien rationalen Handelns in der Politikwissenschaft. Eine kritische Einführung, Opladen.

Breton, Albert/Scott, Anthony, 1978: The Economic Constitution of Federal States, Toronto.

Buchanan, James M./Tullock, Gordon, 1962: The Calculus of Consent. Logical Foundations of Constitutional Democracy, Ann Arbor

Clausen, Thies, 2009: Rationalität und ökonomische Methode, Paderborn.

Condorcet, Marquis de, 1785: Essai sur l'Application de l'Analyse à la Probabilité des Décisions Rendues à la Pluralité des Voix, Paris.

Dahrendorf, Ralf, 1960: Homo Sociologicus: Ein Versuch zur Geschichte, Bedeutung und Kritik der Kategorie der sozialen Rolle, Köln.

de Swann, Abram, 1973: Coalition Theory and Government Formations, Amsterdam.

DellaVigna, Stefano, 2009: Psychology and Economics: Evidence from the Field, in: Journal of Economic Literature 47, S. 315–372.

Dowding, Keith, 2005: Is it Rational to Vote? Five Types of Answers and a Suggestion, in: British Journal of Politics & International Relations 7, S. 442–459.

Dowding, Keith/John, Peter/Mergoupis, Thanos/Van Vugt, Mark, 2000: Exit, voice and loyalty: Analytical and empirical developments, in: European Journal of Political Research 37, S. 469–495.

Downs, Anthony, 1993: The Origins of An Economic Theory of Democracy, in: *Grofman, Bernard* (Hrsg.): Information, Participation, and Choice, Ann Arbor, S. 197–199.
Downs, Anthony, 1968: Ökonomische Theorie der Demokratie, Tübingen.
Downs, Anthony, 1967: Inside Bureaucracy, Boston.
Dylla, Daria W., 2007: Der Rational-Choice-Ansatz und die Ursache politischer Entscheidungen, in: Zeitschrift für Politikwissenschaft 17, S. 1163–1184.
Eber, Nicolas, 2004: Théorie des Jeux, Paris.
Elster, Jon, 1983: Sour Grapes. Studies in the Subversion of Rationality, Cambridge.
Elster, Jon, 2007: Explaining Social Behavior. More Nuts and Bolts for the Social Sciences, Cambrige.
Eriksson, Lina, 2011: Rational Choice Theory. Potentials and Limits, New York.
Erlei, Mathias/Leschke, Martin/Sauerland, Dirk, 2007: Neue Institutionenökonomik, Stuttgart.
Ferejohn, John, 1991: Rationality and Interpretation: Parliamentary Elections in Early Stuart England, in: *Monroe, Kristen R.* (Hrsg.): The Economic Approach to Politics. A Critical Reassessment of the Theory of Rational Action, New York, S. 279–305.
Ferejohn, John/Fiorina, Morris, 1974: The Paradox of Not Voting: A Decision Theoretic Analysis, in: American Political Science Review 68, S. 525–536.
Fischer, A. J., 1999: The Probability of Being Decisive, in: Public Choice 101, S. 267–283.
Frey, Bruno S., 2003: Arts & Economics. Analysis and Cultural Policy, Berlin u. a.
Frey, Bruno S., 1990: Ökonomie ist Sozialwissenschaft. Die Anwendung der Ökonomie auf neue Gebiete, München.
Friedman, Milton, 1953: Essays in Positive Economics, Chicago/London.

Geys, Benny, 2006: ‚Rational' Theories of Voter Turnout: A Review, in: Political Studies Review 4, S. 16–35.

Green, Donald P./Shapiro, Ian, 1999: Rational Choice. Eine Kritik am Beispiel von Anwendungen in der Politischen Wissenschaft, München.

Grofman, Bernard, 2004: Reflections on Public Choice, in: Public Choice 118, S. 31–51.

Grofman, Bernard, 1993: Is Turnout the Paradox that Ate Rational Choice Theory?, in: *Grofman, Bernard* (Hrsg.): Participation & Choice. An Economic Theory of Democracy in Perspective, Ann Arbor, S. 93–103.

Hagen, Kornelia/Reisch, Lucia A., 2010: Riesterrente: Politik ohne Marktbeobachtung. Wochenbericht des DIW Berlin 8/2010, Berlin.

Hanson, Norwood R., 1965: Patterns of Discovery. An Inquiry into the Conceptual Foundations of Science, London u. a.

Hayden, Grant M., 1995: Some Implications of Arrow's Theorem for Voting Rights, in: Stanford Law Review 47, S. 295–317.

Heintz, Bettina, 2004: Emergenz und Reduktion, in: Kölner Zeitschrift für Soziologie und Sozialpsychologie 56, S. 1–31.

Hindmoor, Andrew/Taylor, Brad, 2015: Rational Choice, New York.

Hirschman, Albert O., 1992: Abwanderung, Widerspruch und das Schicksal der Deutschen Demokratischen Republik. Ein Essay zur konzeptionellen Geschichte, in: Leviathan 20, S. 330–358.

Hirschman, Albert O., 1974: Abwanderung und Widerspruch. Reaktionen auf Leistungsabfall bei Unternehmen, Organisationen und Staaten, Tübingen.

Ho, Daniel E./Imai, Kosuke, 2008: Estimating Causal Effects of Ballot Order from a Randomized Natural Experiments. The California Alphabet Lottery, 1978-2002, in: Public Opinion Quarterly 72, S. 216–240.

Holler, Manfred J./Illinger, Gerhard, 2003: Einführung in die Spieltheorie, Berlin u. a.

Holzinger, Katharina, 2004: Rational-choice-Theorien, in: *Nohlen, Dieter/ Schulte, Rainer-Olaf* (Hrsg.): Lexikon der Politikwissenschaft. Theorien, Methoden, Begriffe, München, S. 783–784.

Horn, Christoph, 2003: Einführung in die politische Philosophie, Darmstadt.

James, William, 2012: Pragmatismus. Ein neuer Name für einige alte Denkweisen, Hamburg.

Kaiser, André, 2007a: Anthony Downs, Ökonomische Theorie der Demokratie, in: *Brocker, Manfred* (Hrsg.): Geschichte des politischen Denkens – Ausgewählte Werkanalysen, Frankfurt (Main), S. 619–634.

Kaiser, André, 2007b: James M. Buchanan/Gordon Tullock, The Calculus of Consent. Logical Foundations of Constitutional Democracy, in: *Kailitz, Steffen* (Hrsg.): Schlüsselwerke der Politikwissenschaft, Wiesbaden, S. 56–60.

Karis, Tim, 2008: „Autobahn geht nicht!". Medienmacht und die Frage: Was ist sagbar? in: Dreihundertsechzig Grad 4, S. 36–44.

Kirchgässner, Gebhard, 2008: Homo Oeconomicus. The Economic Model of Behaviour and Its Applications in Economics and Other Social Science, New York.

Kirsch, Guy, 2004: Neue Politische Ökonomie, Stuttgart.

Kromphardt, Jürgen, 1982: Wirtschaftswissenschaft II: Methoden und Theoriebildung in der Volkswirtschaftslehre, in: *Willi Albers et al.* (Hrsg.): Handwörterbuch der Wirtschaftswissenschaft, Band 9, Stuttgart/ New York, S. 904–936.

Krueger, Anne O., 1974: The Political Economy of the Rent-Seeking Society, in: American Economic Review 64, S. 51–70.

Kuhn, Thomas S., 1979: Die Struktur wissenschaftlicher Revolutionen, Frankfurt (Main).

Lehner, Franz, 1981: Einführung in die Neue Politische Ökonomie, Königsstein/Ts.

Marwell, Gerald/Ames, Ruth E., 1981: Economists free ride, does anyone else? Experiments on the Provision of Public Goods, IV, in: Journal of Public Economics 15, S. 295–310.

Mayntz, Renate, 2009: Sozialwissenschaftliches Erklären. Probleme der Theoriebildung und Methodologie, Frankfurt/New York.

Migue, Jean-Luc/Belanger, Gerad, 1974: Towards a General Theory of Managerial Discretion, in: Public Choice 17, S. 27–43.

Miller, Max, 1994: Ellbogenmentalität und ihre theoretische Apotheose. Einige kritische Anmerkungen zur Rational Choice Theorie, in: Soziale Welt 45, S. 5–15.

Mueller, Dennis C., 2003: Public Choice III, New York.

Niemi, Richard G., 1976: Cost of Voting and Nonvoting, in: Public Choice 27, S. 115–119.

Niskanen, William A., 1991: A Reflection on Bureaucracy and Representative Government, in: *Blais, Andre/Dion, Stephane* (Hrsg.): The BudgetMaximising Bureaucrat: Appraisals and Evidence, Pittsburgh, S. 13–32.

Niskanen, William A., 1971: Bureaucracy and Representative Government, Chicago.

Nozick, Robert, 1974: Anarchy, State, and Utopia, New York.

Oates, Wallace E., 1972: Fiscal Federalism, New York.

Offe, Claus, 1969: Politische Herrschaft und Klassenstrukturen. Zur Analyse spätkapitalistischer Gesellschaftssysteme, in: *Kress, Gisela/Senghaas, Dieter* (Hrsg.): Politikwissenschaft. Eine Einführung in ihre Probleme, Frankfurt a. M., S. 155–189.

Olson, Mancur, 1969: The Principle of ‚Fiscal Equivalence': The Division of Responsibilities among Different Levels of Government, in: American Economic Review 59, S. 479–487.

Olson, Mancur, 1968: Die Logik des kollektiven Handelns. Kollektivgüter und die Theorie der Gruppen, Tübingen.

Olson, Mancur/Zeckhauser, Richard, 1966: An Economic Theory of Alliances, in: Review of Economics and Statistics 48, S. 266–279.

Pies, Ingo/Leschke, Martin (Hrsg.), 1998: Gary Beckers ökonomischer Imperialismus, Tübingen.
Pindyck, Robert/Rubinfeld, Daniel, 2009: MikroÖkonomie, München.
Plott, Charles R., 1976: Axiomatic Social Choice Theory: An Overview and Interpretation, in: American Journal of Political Science 20, S. 511–596.
Popper, Karl R., 1984: Objektive Erkenntnis. Ein evolutionärer Entwurf, Hamburg.
Reynolds, James F./Paris, David C., 1979: The Concept of ‚Choice' and Arrow's Theorem, in: Ethics 89, S. 354–371.
Riker, William H., 1990: Political Science and rational choice, in: *Alt, James E./ Shepsle, Kenneth A.* (Hrsg.): Perspectives on Positive Political Economy, London u. a., S. 163–181.
Riker, William H., 1982: Liberalism against Populism. A Confrontation Between the Theory of Democracy and the Theory of Social Choice, Long Grove.
Riker, William H., 1962: The Theory of Political Coalitions, New Haven u. a.
Riker, William H./Ordeshook, Peter C., 1968: A Theory of the Calculus of Voting, in: American Political Science Review 62, S. 25–42.
Ruß, Sabine, 2005: Interessensvermittlung als Problemkonstruktion. Schwache Interessen im politischen Kräftefeld moderner Demokratien am Beispiel Wohnungsloser in Frankreich und den USA, Baden-Baden.
Schelsky, Helmut, 1953: Wandlung der deutschen Familie in der Gegenwart, Dortmund.
Schmidt, Manfred G., 2008: Demokratietheorie. Eine Einführung, Wiesbaden.
Schubert, Klaus, 2003: Innovation und Ordnung. Grundzüge einer pragmatistischen Theorie der Politik, Münster/London.

Schubert, Klaus, 1995: Struktur-, Akteur- und Innovationslogik: Netzwerkkonzeptionen und die Analyse von Politikfeldern, in: *Jansen, Dorothea/Schubert, Klaus* (Hrsg.): Netzwerke und Politikproduktion. Konzepte, Methoden, Perspektiven, Marburg, S. 222–240.

Schubert, Klaus (Hrsg.), 1992: Leistungen und Grenzen politisch-ökonomischer Theorie. Eine Bestandsaufnahme zu Marcus Olson, Darmstadt.

Schubert, Klaus, 1991: Politikfeldanalyse. Eine Einführung, Opladen.

Schubert, Klaus/Bandelow, Nils C., 2009: Politikfeldanalyse: Dimensionen und Fragestellungen, in: *Schubert, Klaus/Bandelow, Nils C.* (Hrsg.): Lehrbuch der Politikfeldanalyse 2.0, München, S. 1–24.

Schubert, Klaus/Klein, Martina, 2018: Das Politiklexikon, Bonn.

Schüssler, Rudolf, 1988: Der Homo oeconomicus als skeptische Fiktion, in: Kölner Zeitschrift für Soziologie und Sozialpsychologie 40, S. 447–463.

Sen, Amartya K., 1995: Rationality and Social Choice, in: American Economic Review 85, S. 1–24.

Sen, Amartya K., 1970: Collective Choice and Social Welfare, San Francisco.

Shapiro, Ian/Smith, Roger M./Masoud, Tarek E. (Hrsg.), 2004: Problems and Methods in the Study of Politics, Cambridge.

Shepsle, Kenneth A./Bonchek, Mark S., 1997: Analyzing Politics. Rationality, Behavior, and Institutions, New York/London.

Simon, Herbert A., 1982: Models of Bounded Rationality, Cambridge, Mass.

Tollison, Robert D., 1997: Rent seeking, in: *Mueller, Dennis C.* (Hrsg.): Perspectives on Public Choice. A Handbook, Cambridge, S. 506–525.

Truman, David B., 1951: The Governmental Process. Political Interests and Public Opinion, New York.

Tullock, Gordon, 1967: The Welfare Costs of Tariffs, Monopolies and Theft, in: Western Economic Journal 5, S. 224–232.

Tullock, Gordon, 1965: The Politics of Bureaucracy, Washington, D.C.

Uhlaner, Carole J., 1989: Rational Turnout: The Neglected Role of Groups, in: American Journal of Political Science 33, S. 390–422.

Vassilev, Rossen, 2008: Individualism, in: *Darity, William A.* (Hrsg.): International Encyclopaedia of the Social Sciences, Detroit, S. 618–620.

von Neumann, John/Morgenstern, Oskar, 1944: Theory of Games and Economic Behaviour, Princeton.

von Weizäcker, Carl C., 1972: Kenneth Arrow's Contribution to Economics, in: Swedish Journal of Economics 74, S. 488–502.

Weise, Peter, 1989: Homo oeconomicus und homo sociologicus. Die Schreckensmänner der Sozialwissenschaften, in: Zeitschrift für Soziologie 18, S. 148–161.

Wicksell, Knut, 1896: Finanztheoretische Untersuchungen, Jena.

Williamson, Oliver, 1985: The Economic Institutions of Capitalism: Firms, Markets, Relational Contracting, New York.

Wuffle, A., 1999: Credo of a 'Reasonable Choice' Modeler, in: Journal of Theoretical Politics 11, S. 203–206.

Zimmer, Annette, 2007: Vereine – Zivilgesellschaft konkret, Wiesbaden.

The manufacturer's authorised representative in the EU is Springer Nature Customer Service Centre GmbH, Europaplatz 3, 69115 Heidelberg, Germany. If you have any concerns regarding our products, please contact ProductSafety@springernature.com

Printed and bound by CPI Group (UK) Ltd, Croydon, CR0 4YY
23/03/2026
02076744-0001